Friedrich Steger

Das Elsass mit Deutsch-Lothringen

Land und Leute, Ortsbeschreibung, Geschichte und Sage

Friedrich Steger

Das Elsass mit Deutsch-Lothringen
Land und Leute, Ortsbeschreibung, Geschichte und Sage

ISBN/EAN: 9783742812865

Hergestellt in Europa, USA, Kanada, Australien, Japan

Cover: Foto ©Lupo / pixelio.de

Manufactured and distributed by brebook publishing software
(www.brebook.com)

Friedrich Steger

Das Elsass mit Deutsch-Lothringen

Das Münſter zu Straßburg.

Vorwort.

Die unvergleichliche Tüchtigkeit unserer Heere von den greisen Feldherrn bis zu den jüngsten Soldaten herunter, hat uns gestattet, auf das französische Geschrei nach der Rheingrenze mit der thatsäch= lichen Einverleibung des Elsaßes und Deutsch=Lothringens zu antworten. Straßburg und Metz sind in unsern Händen und werden mit Bel= fort, der alten Hauptstadt des Sundgau's, Schutzwehren unserer Gren= zen gegen französische Händelsucht bilden. Mehr als eine Million Deutscher kehren nun zu uns zurück, die meisten für den ersten Augen= blick nicht frohen Herzens, da sie zu lange mit den Franzosen in einem Staat gelebt, zu lange Freud und Leid mit ihnen getheilt haben, als daß nicht die Macht der Gewohnheit stark auf sie eingewirkt haben müßte. Es weist sie aber so viel auf uns hin, daß sie sich in nicht ferner Zeit mit uns einleben werden.

Zahlreiche Flugschriften, darunter gediegene Arbeiten von Heinrich v. Treitschke, Adolph Wagner und Andern mehr, haben sich in neuester Zeit mit Elsaß=Lothringen beschäftigt. Den Verlegern und dem Ver= fasser dieses kleinen Buchs wollte es nun scheinen, als ob diese Schrif= ten, mit denen auf publicistischem, volkswirthschaftlichem und geschicht= lichem Gebiet ein Wetteifer nicht leicht ist, einen natürlichen Wunsch nicht erfüllten. Es fehlen in ihnen die Einzelnschilderungen des Lan=

des und seiner Bewohner, die doch unerläßlich sind, um den Beweis zu führen, wie deutsch jene so lange von uns getrennt gewesenen Landschaften in ihrem Kern geblieben sind. Auch von den landschaft= lichen Schönheiten des Elsaß und Lothringens und von den überaus zahlreichen Monumenten seiner deutschen Vergangenheit in Burgen, Schlössern, Rathhäusern und Kirchen kann nur eine Einzelbeschreibung einen rechten Begriff geben. Eine solche Schilderung bieten wir, in= dem wir, die beliebtesten Reise=Handbücher hierin nachahmend, den Eisenbahn=Linien folgen, ohne darum selbst ein Reise=Handbuch geben zu wollen.

Das Geschichtliche und Volkswirthschaftliche, über das bereits in andern Schriften eine Fülle von Belehrung vorliegt, wurde blos ein= leitend, Straßburg aus demselben Grunde kurz behandelt. Eine be= sondere Berücksichtigung erfuhr die Sage, diese im Herzen des Volks entsprungene und von Mund zu Mund weiter getragene Umdichtung der Geschichte. Wie sie uns in den schönen Werken des Elsässers Stöber entgegentritt, giebt sie uns die Gewähr, daß keine Verwälschung in das innerste Gemüthsleben des Volks eingedrungen ist. Wie die deutsche Sage unvertilgbar sich erhalten hat, so ist allen Angriffen und Verlockungen zum Trotz die Sprache deutsch geblieben. Zwei Elsässer, der Straßburger Volksdichter und Drechslermeister Daniel Hirtz und der Herausgeber seiner Gedichte, Professor Reuß, mögen uns sagen, wie hoch man im Elsaß die deutsche Sprache hält. Der Dichter singt:

> M'r g'hoere hyt ze Frankreich wohl
> Un theile Noth und Glück,
> Doch klingt uns b'Muederstprach nit hohl,
> Sie gilt noch großi Stück.

> M'r brucke gern und herzli b'Hand
> Un nit allein zuem Schyn —
> Durch Sprooch un Sitte noob verwandt,
> De Brüeder iiewwerm Rhyn.

Un dytschen Sinn und Biederkeit
Die finde — u — Anklang hie
Dann gueter Grund isch noch gelait
Verwischt halt ganz sich nie.

Uß unf'rm Herze steit's Gebett
Noch dytsch zum Himmel nuff
M'r halte dran als wie n Klett
Und böse Hyser druff.

So lang noch unser Müenster steht,
— Und diß isch kerns g'sund
Au b'Mueberfprooch nit untergeht
Dann viel gäng dnoch zu Grund.

Der Gelehrte fügt in ernsten und kräftigen Worten hinzu: „Wir reden deutsch, heißt ja nicht bloß, daß wir unsere Muttersprache nicht abschwören wollen, sondern es heißt, daß wir in unserer ganzen Art und Sitte, in unserm Glauben, Wollen und Thun deutsche Kraft und Treue, deutschen Ernst und Gemeingeist, deutsche Uneigennützigkeit und Gemüthlichkeit bewahren und als ein heiliges Gut auf unsere Kinder vererben wollen. Das ist unser Patriotismus. Auf beiden Rhein= ufern wohnt für uns nur ein Volk; Schlachten und Welthändel können es zersplittern und durch Zollhäuser und Schlagbäume trennen, aber die Herzen scheiden sie nicht. Unser Gegner ist nur, wer seines Ur= sprungs vergessen, um des eitlen Flitterstaats napoleonischer Barbarei, willen noch jetzt im Liede die eiserne Ruthe küßt; unser Todfeind ist, wer eine frevelnde Hand an unsere Nationalität legt."

Leipzig, am Tage der Kapitulation von Metz,
27. October 1870.

F. St.

Inhalt.

Elfaß und Deutſch-Lothringen.

I.

Land und Leute,

Geschichte, politische und volkswirthschaftliche Verhältnisse.

Doch dort an den Vogesen
Liegt ein geraubtes Gut,
Da gilt es deutsches Blut
Mit Eisen einzulösen.
Schenkendorf.

Von Hüningen bis Lauterburg hat lange der Rhein die deutsche Grenze gebildet. Auf dem rechten Ufer zieht sich Baden in einem langen Streifen hin, links liegt das „verlorene Land", das herrliche Elsaß. Auf der Strecke von Basel bis Straßburg ist unser großer Strom noch ein wildes Bergwasser und wechselt oft sein Bett. Im Frühling und Herbst zu einer Breite von mehreren Tausend Fuß anschwellend, wühlt er sich in diesen Jahreszeiten neue Kanäle, die er bei der nächsten Schneeschmelze vielleicht eigensinnig meidet und die nun als todte Flußarme zwischen Inseln, mit Geröll oder Büschen bedeckt, sumpfige Einschnitte bilden. Erst bei Straßburg, wo der Rhein sich mehr in einen Faden zusammenzieht, beginnt die eigentliche bedeutende Schifffahrt.

Es ist ein schönes Stück Erde, dieses „verlorene Land", das sich von Saarbrücken bis Schlettstadt gleich einem Dreieck in deutsches Gebiet hineindrängt. „Das herrliche Elsaß, immer dasselbe und immer neu", hat Göthe es genannt. Mit warmem Gefühl beschreibt er als Greis die Umgegend von Straßburg, die weitumherliegenden, mit herrlichen dichten Bäumen besetzten und durchflochtenen Auen, den auffallenden Reichthum der Vegetation, der die Ufer, Inseln und Werder des Rheins schmückt. Wie segnete er, als er nach Straßburg gegangen war, sein Geschick, das ihn diese anmuthige, wie ein neues Paradies für den Menschen recht vorbereitete Gegend für einige Zeit zum schönen Wohnplatz angewiesen habe. Gewiß keine freundlichere Landschaft besitzt die Erde, als dieses schöne, sonnige Land, hinter dem die schwarze Vogesenwand sich erhebt. An den Querthälern zumal, die aus der Kette des Gebirgs heraustreten, häufen sich

1*

Prachtbilder deutscher Landschaft und nirgends fehlt ein breitästiger Nußbaum, in dessen Schatten der Wanderer rasten kann, um die Bilder von schwellend duftigen Ebenen, von tiefschattigen Thalgründen, in denen Dörfer hell und anmuthig gebettet sind, und von den Zacken und Kämmen des Gebirgs zu nie verlöschender Erinnerung in sich auf= zunehmen. Düstere Eindrücke erhält man hier nur, wenn man an den alten Burgen vorbei, die von Epheu und von Sagen umrankt sind, in die Berge tiefer vordringt und ihre schweigsamen Seen umwandert.

Die Pflege des Waldes sagt dem Fremden allein schon, daß Deutsche das Elsaß bewohnen. Der Franzose hat wie alle Wälschen für die Poesie des Waldes kein Verständniß, und man möchte fast sagen, daß er das rauschende Meer von Bäumen nicht recht leiden kann. Im Elsaß nimmt der Wald eine bedeutende Fläche ein und bedeckt nicht weniger als eine Million und zweihunderttausend preußische Morgen, oder den dritten Theil des ganzen Landes. Der Franzose Tisserand, als Landwirth auch bei uns geachtet, giebt selbst zu, daß die Forsten des Elsasses zu den schönsten, ertragreichsten und am besten geschonten Frankreichs gehören. Noch auf den höchsten Berggipfeln der Vogesen bildet die Buche dichte Wälder. Weiter unten folgen Fichten und Tannen, dann Buchen und Nadelhölzer gemischt, endlich am Fuße des Gebirgs die verschiedensten Laubhölzer, Eichen, Buchen und Ulmen durcheinander. Es giebt nichts Schöneres, sagt Tisserand, als diese lange Gebirgskette, bedeckt mit dichten Wäldern ohne jede Unterbrechung. Nimmt der Wald die ganze Berg= gegend ein, so beschränkt er sich im Hügellande auf die schroffen, ungün= stig gelegenen Gelände und in der Ebene auf die ganz armen Sand= ländereien.

Echt deutsch ist die Bauart der Häuser in den Dörfern. Die weiß getünchten Wände contrastiren mit dem rothangestrichenen Balkenwerk, das den Namen des Besitzers oder einen frommen Reimspruch zu tragen pflegt. Die alte Bauerntracht ist zwar an manchen Orten, namentlich in der Nähe der Städte der heutigen Mode gewichen, hat sich aber viel= fach erhalten. Ein besonders typischer Ausdruck bäuerlicher Tracht sind die Kochelsberger, die Bewohner einer der fruchtbarsten Gegenden im Elsaß, etwa drei Stunden nordwestlich von Straßburg. Sie tragen einen altväterischen schwarzen Rock, wegen seiner Weite Halbacker genannt, kurze schwarze Beinkleider und lange leinene Kamaschen. Den Kopf schützt eine Mütze mit breitem Schirmdach, oder ein niedriger runder Hut. Die weibliche Tracht schildert Stöber: „Die katholischen Frauen tragen längere Röcke, Kutten, meist von grellrother oder hochorangegelber Farbe ohne Saum, die lutherischen Frauen haben kürzere grüne Röcke mit rothem oder schwarzem Saum. Der Rock hat keinen Oberleib; es wird ein schwarzer „Mutze" darüber angelegt, jedoch nur zur Kirche oder über

Feld. Zu Hause, beim Tanz u. s. w. wird er wieder abgezogen und läßt dann die blendend weißen Hemdsärmel sehen. Je nach dem Grade des Vermögens sind dann Bänder an Mützen und Brustverzierung, „Vor= stecker“, Spitzen und Goldflitter, echter und kostspieliger, oder einfacher und bescheidener. Den „Flor“, ein großes schwarzes floretseidenes Hals= tuch, welches beim Ausgehen in die Kirche oder über Feld mehrmals um den Hals geworfen wird, verdrängen jetzt andere seidene, buntfarbene Tücher. So werden auch die Schleifen an den Mützen nach und nach übermäßig lang getragen.“

Der schwäbische Ursprung des Elsässers verräth sich in seinem ge= drungenen Körperbau, in seiner mit fröhlicher Offenheit verbundenen Gemüthlichkeit und seiner zähen Ausdauer. Die letztere hat ihn in den Stand gesetzt, seine Volksthümlichkeit durch zwei Jahrhunderte französischer Herrschaft zu behaupten. Der hohe geistige Kulturstand, der das schöne Land, so lange es noch deutsch war, auszeichnete, konnte freilich unter den ungünstigen französischen Einflüssen nicht behauptet werden. Die Pfeffel, Erckmann und Chatrian der französischen Zeit, wie weit stehen sie zurück hinter den Jakob Balde und Gottfried von Straßburg der alten guten deutschen Tage! Die Erinnerung an diese Tage ist den heutigen Elsäßern freilich abhanden gekommen. Wie in ganz Frankreich, hat auch im Elsaß und Lothringen die Revolution von 1789 die ganze ältere Landesgeschichte wie mit einem Schwamme weggewischt. Hoffen wir, daß das neue Band, das sich mit Deutschland knüpft, die Elsäßer auch mit ihrer glorreichen Vergangenheit wieder verbinden wird.

Elsaß und Lothringen sind mit unserer Geschichte zu eng verwebt, als daß wir der verlorenen Lande jemals hätten vergessen können. Im elsässischen Hagenau verwahrte Kaiser Friedrich der Rothbart die Reichs= kleinodien, Straßburg wurde der Deutschen starke Vormauer genannt. Zu Straßburg machte Guttenberg seine ersten Versuche mit der Drucker= presse, predigte Gailer von Kaisersberg wider die Mißbräuche der Kirche, erblühte eine Hochschule, von deren Glanz sich noch Göthe anlocken ließ. Metz, die alte Hauptstadt des außerelsäßischen Reichs, die Begräbnißstätte Ludwigs des Frommen, wurde von unserem großen Kaiser Otto zu den vier deutschen Hauptstädten gezählt, welche den Feinden trotzten: Augs= burg den Ungarn, Magdeburg den Slaven, Aachen und Metz den Nie= derländern und Galliern. Von zahlreichen und tapfern Bürgern bewohnt, erwehrte sich Metz häufig ohne fremde Hülfe der Angriffe der Norman= nen, der Herzoge von Lothringen und selbst der französischen Könige. Hier hielt Kaiser Karl IV. im Jahre 1356 den großen und berühmten Reichs= tag, auf dem die goldene Bulle verkündigt wurde, um nahe an fünf Jahrhunderte das Grundgesetz des deutschen Reichs zu bleiben. Auf diesem Reichstage erschien der Dauphin von Frankreich als deutscher

Statthalter von Großwald (Grenoble) und dankte dem Kaiser dafür, daß er seinem Vater, dem König, Stadt und Gebiet von Wälsch=Leyn (Lyon) überlassen habe.

Zwei Jahrhunderte später ging Metz mit anderm deutschen Besitz durch den Verrath deutscher Fürsten verloren. Um gegen das „tyranni= sche Joch bestialischer Knechtschaft", das Kaiser Karl V. den protestantischen Fürsten auferlegte, einen Schutz zu finden, schlossen Moritz von Sachsen und seine Verbündeten mit König Heinrich II. ein Bündniß, welches dem Reichsfeinde Metz, Tull (Toul), Virten (Verdun) und Kamryk (Cam= brai) überlieferte. Auch die Schutzhoheit über die geistlichen Fürsten forderte der Franzosenkönig, aber gegen diesen ersten Versuch eines Rhein= bundes empörte sich das Gewissen der Reichsfürsten. Auch jene Bis= thümer wollten sie dem König nur als Vicarius des heiligen Reichs überweisen, unter Vorbehalt der Rechte Deutschlands. Indem der Valois den Raub, der ihm angetragen wurde, zu vollziehen sich anschickte, führte er dieselbe Sprache, welche wir von dem Bonaparte des heutigen Tages bei seinem Ueberfall gehört haben. Nicht zu eigenem Nutzen und Ge= winn, betheuerte er, lasse er sich auf ein so mühseliges und schweres Vorhaben ein, vielmehr wolle er nichts, als der deutschen Nation die Freiheit bringen. Zur Veranschaulichung dieses edlen Entschlusses ließ er über seinem öffentlichen Sendbrief an die Deutschen einen Freiheits= hut zwischen zwei Schwertern abbilden und darunter das Wort „Libertas" setzen.

Toul, Verdun und Nanzig wurden durch Ueberfall, Metz durch List gewonnen. Die Bürger wollten vom deutschen Reich nicht lassen und wiesen alle Aufforderungen des Herzogs von Montmorency zurück. Als der französische Feldherr aber gelobte, nur ein Fähnlein Kriegsvolk werde er in die Stadt legen und übrigens solle Alles wie zuvor bleiben, öffne= ten sie ihm die Thore. Sofort brach er mit einigen tausend Mann ein, die allerdings nur eine einzige Fahne führten. Um die Bürger einzu= schüchtern, wurde ein kleines Vorspiel der Bartholomäusnacht aufgeführt. Der Herzog von Montmorency stellte sich todtkrank und ließ die in ihrer deutschen Gesinnung unerschütterlichen Rathsherrn zu sich bescheiden, da er sein Testament machen wolle. Er lag wirklich im Bett, aber kaum waren die Geladenen erschienen, so sprang er mit bloßem Schwert heraus und stach den Aeltesten der Schöffen nieder, während seine Leibwache zu= gleich durch Thür und Fenster eindrang und auf die Rathsherrn schlug und stach, bis keiner mehr am Leben war. Ein stummes Entsetzen ging durch die drei Bisthümer und machte die Bevölkerung für das jetzt sehr beliebte Possenspiel einer freien Volksabstimmung reif. Die Ja mußten wohl überwiegen, da öffentlich verkündet wurde, an Leib und Leben werde Jeder gestraft werden, welcher nur ein Wort äußere, daß Toul, Verdun und Metz wieder zum deutschen Reich kommen müßten. Eine Belagerung von Metz, die Karl V. unternahm, scheiterte an der Festigkeit der Mauern und an Krankheiten, die das Wetter und der Hunger unter den deutschen Landsknechten und Stückknechten erzeugte. Die drei Bisthümer blieben den Franzosen und als dann nach dreißigjährigem Drangsal der west=phälische Friede dem kaum noch athmenden deutschen Reich die ersehnte Ruhe schenkte, wurde es kaum beachtet, daß eine Bestimmung desselben „die Herrschaft über die Bisthümer Metz, Toul und Verdun und die gleichnamigen Städte, die vorher zum deutschen Reich gehörten, der Krone Frankreich ewig und unwiderruflich zusprach."

„Um der deutschen Nation seine große Zuneigung zu beweisen und die unterdrückte deutsche Freiheit zu retten", hatte Heinrich II. auch das Elsaß an sich nehmen wollen. Besser, wenn auch noch nicht ganz, ge=lang dieses Unternehmen bei den Friedensverhandlungen in Münster und Osnabrück. Die Landgrafschaft im Elsaß war Eigenthum des Erzherzogs Leopold. Als die Franzosen sie forderten, „um für ihre Anstrengungen (gegen das deutsche Reich!) eine angemessene Entschädigung zu erhalten", vertheidigte der Habsburger seinen Besitz nicht so hartnäckig, als die Reichsstände. Allerdings bekam er drei Millionen Livres Entschädigung und das Reich hatte nur den Verlust und die Schande. In den Wind gesprochen war das wahre Wort der Stände: „Das ist die Seuche der Völker, die unter verschiedene Fürsten vertheilt sind, daß sie von Parteien aus einander gezerrt werden, und daß der von einer Partei der Strei=tenden Herbeigerufene wider Alle stark wird." Vergebens warnten sie vor der kindischen Erwartung, daß der Franzose, nachdem er so Vieles gewonnen, im Elsaß stillstehen werde. Die Abtretung der Landgrafschaft im obern und untern Elsaß nebst dem Sundgau und der Stadt Breisach wurde zum Beschluß erhoben. Beim deutschen Reich blieben jetzt noch Straßburg und alle bisher reichsunmittelbaren Städte des Elsaßes sowie das Herzogthum Lothringen.

Wie auch diese letzten Gebiete verloren gingen, ist eines der schimpflichsten Ereignisse unserer Geschichte. Ludwig XIV. saß auf dem französischen Throne und war in das kräftige Mannesalter seines von Rechtsbedenken und Gewissenszweifeln nie beunruhigten Lebens getreten. Er wußte sich stär=ker als das alternde römische Reich deutscher Nation und nach dieser Ueberzeugung allein handelte er. Im September 1670, mitten im Frie=den, ließ er Nanzig überrumpeln und das ganze Herzogthum Lothringen besetzen. Er nehme das Land in seinen Schutz, zeigte er in Regensburg an, und hoffe, daß der Reichstag seinen Schritt billigen werde. Eine geraume Zeit verfloß, bis Kaiser und Reich, nicht einmal wegen Lothrin=gens, sondern wegen der in ihrer Existenz bedrohten Niederlande, sich zum Handeln aufrafften, und nun wurde der Krieg nur lässig geführt und durch den Frieden von Nymwegen übereilt beendet. Wieder opferte das Haus Habsburg deutsche Landestheile den Franzosen und ließ sich in Beziehung auf Lothringen, von dem Frankreich Nanzig behalten sollte, so lästige Bedingungen gefallen, daß der Herzog den Vertrag nicht genehmigte und sein Land den Franzosen ließ.

Nicht einen Augenblick achtete Ludwig XIV. den Frieden, den er in Nymwegen geschlossen hatte. Nicht genug, daß er die von seinen Truppen besetzten Gebiete im Elsaß nicht räumte und die dortigen zehn Landvogtei-Städte zur Huldigung zwang, brachte er seine Beraubung des Reichs durch die Errichtung von Reunionskammern in ein System. Diese Kammern hatten die Aufgabe, in den Archiven Urkunden aufzufinden, welche die Rechtsansprüche Frankreichs an die ihm noch nicht unterworfenen Gebiete im Elsaß, in den spanischen Niederlanden, Lothringen und Burgund nachwiesen. Nicht um Beweise wirklicher Ansprüche, sondern um das Auffinden von Vorwänden für neue Länderdiebstähle handelte es sich. Für einen der vollsten Beweise französischen Eigenthumsrechts galt es, wenn ein fremdes Gebiet mit einem jetzt oder früher französisch gewordenen einmal in irgend einer Verbindung gestanden hatte. Dann wurde es von einer der Reunionskammern für französische Dependenz erklärt, der rechtmäßige Eigenthümer zur Verantwortung, weßhalb er die Huldigung unterlassen habe, vorgeladen und sein Nichterscheinen als Auflehnung mit der Einziehung seines Besitzes bestraft.

Die meisten deutschen Besitzungen hatten sich der französischen Frechheit unterwerfen müssen, nur Straßburg war noch reichsunmittelbar. Gerade diese wichtige Stadt begehrten die Franzosen am meisten, aber es bedurfte mancher Vorbereitung, ehe sie den längst beschlossenen Handstreich wagen durften. Leicht gewannen sie den Straßburger Bischof Egon von Fürstenberg und konnten bald auch verrätherische Verbindungen mit städtischen Beamten anknüpfen. Die Bürgerschaft wurde in Sicherheit gewiegt, und so oft ihr Argwohn erwachte, fand sich der französische Resident in Straßburg bereit, zu betheuern, daß sein Monarch die Unabhängigkeit der Stadt achte, und nur ein durchaus freundliches Verhältniß mit ihr zu unterhalten wünsche. Inzwischen häuften sich die französischen Truppen in der Nähe immer mehr an. Im September 1681 hatte General Montclar 30,000 Mann beisammen und warf die Maske ab. In der Nacht vom 27. zum 28. September besetzte er alle Zugänge der Stadt und bemächtigte sich der Rheinschanzen. Am 29. traf der Kriegsminister Louvois ein und forderte die Uebergabe, wenn Straßburg nicht „wegen seiner Rebellion" der Verwüstung preisgegeben werden wolle. Die Bürgerschaft erfuhr nun, daß ihre Stadt von der Reunionskammer in Breisach dem König als Eigenthum zugesprochen worden sei. Eine Vertheidigung gegen die vor den Thoren stehende Uebermacht wäre leicht möglich gewesen, denn verfügte man auch nur über 500 kriegstüchtige Stadt= knechte, so lebten doch 3000 waffenfähige Bürger in Straßburg und die Mauern waren fest. Aber der Verrath war ohne Aufhören, verlockend oder einschüchternd, in Thätigkeit und gelangte zum Ziel. Am Nach= mittage des 30. September rückten 15,000 Franzosen ein, am 23. Okto= ber hielt Ludwig XIV. seinen feierlichen Einzug. Das Münster, in dem seit der Reformation protestantischer Gottesdienst gehalten worden war, hatte schon am 12. Oktober den Katholiken übergeben werden müssen.

Die Bedeutung dieses Verlustes wurde in Deutschland recht gut er= kannt. Jetzt sei die Thür zum Elsaß geschlossen, klagte man und nannte Straßburg ein Wagenrad, auf dem der Feind in das Reich rollen werde. Trotzdem verflossen noch acht Jahre, ehe es zu einem Kriege kam, dem= selben, in welchem Melac seine scheußliche Verwüstung der Pfalz aus= führte, und wieder acht Jahre später schloß das Reich, an Kräften er= lahmt, durch innere Zwistigkeiten geschwächt und vom Kaiser, der mit einem neuen Türkenkriege zu thun hatte, im Stiche gelassen, den Frieden von Ryswick, der dem französischen König Straßburg und das ganze El= saß überließ, dem Herzog von Lothringen dagegen seine Besitzungen zu= rückgab.

Der Verlust dieses letzten Reichslandes an den Vogesen war die Folge eines Tauschhandels zwischen den Häusern Bourbon und Habsburg. Ludwig XV. erwarb zunächst für seinen Schwiegervater Stanislaus Les= zinsky, dessen Erbe er war, die Herzogthümer Bar und Lothringen und überließ dafür dem lothringischen Herzog Franz Stephan, als künftigen Gemahl der Erzherzogin Maria Theresia, das Großherzogthum Toscana mit Parma und Piacenza. Die Bourbonen machten für Frankreich ein gutes Geschäft, die Habsburger nur für ihr Haus. Das Reich, dessen alle Zeit Mehrer sie sein wollten, wurde durch sie um ein werthvolles Besitzthum gekürzt, aber ihre eingetauschten italienischen Besitzungen blieben ihnen als Secundogenituren ihrer Familie über ein Jahrhundert, um erst 1859 verloren zu gehen.

Als französische Besitzungen gingen Lothringen und Elsaß durch die Stürme der französischen Revolution und ernteten auch die Wohlthaten mit, welche die große Bewegung der ganzen Bevölkerung brachte. Von dieser Zeit schreibt sich ihre französische Gesinnung her, die keinen na= tionalen, sondern einen politischen Charakter hat. Jene Revolution riß die Schranken nieder, welche die Provinzen von einander trennten, hob alle Sonderrechte von Landschaften, Städten, Ständen und Körperschaften auf, befreite den Bauer von allen seinen schweren Lasten, Frohnden und Zehnten, verschaffte den modernen Rechtsgrundsätzen die Herrschaft und brachte endlich auch den Ruhm siegreicher Kriege. Als Angehöriger eines großen, mächtigen, einigen und freien Volks fühlte der Elsäßer und Lo=

thringer sich doppelt stolz, wenn er seine Blicke auf das deutsche Land neben ihm richtete, das sich durch Jahre unter das französische Joch demüthig schmiegte und seine endlich erkämpfte Freiheit nicht besser zu benutzen wußte, als zur Wiederherstellung der alten Junker=, Pfaffen= und Schreiberwirthschaft, des alten Bauernrechts und des alten Zunftwesens. Wir können deßhalb nicht in die hergebrachten Klagen einstimmen, daß bei den beiden Pariser Friedensschlüssen von 1814 und 1815 die Zurück= forderung des verlorenen Landes versäumt worden sei.*) Es war un= möglich, daß die Lothringer und Elsässer in der jämmerlichen Restaurations= epoche zu guten Deutschen wurden. Machten doch in jener Epoche selbst unsere Rheinländer aus ihren französischen Sympathien keinen Hehl. Gewiß hätte Elsaß und Lothringen sich der Julirevolution von 1830 angeschlossen und wir würden dann unter ungünstigsten Umständen in einen Kampf mit Frankreich verwickelt worden sein, während wir den bei= den Provinzen heute ein großes, von Siegesruhm strahlendes Vaterland, das Handelsgebiet des Zollvereins und ein Maß von Freiheit zu bieten im Stande sind, das sie unter dem zweiten Kaiserreich nicht besaßen und das der unvermeidlich bevorstehende Kampf der blauen und rothen Re= publik, der Legitimisten, Orleanisten und Bonapartisten schwerlich bringen wird.

Ihre Nationalität haben Elsaß und Lothringen sich im Ganzen

---

*) Die damaligen deutschen Bemühungen um eine bessere Grenze gegen Frank= reich lernt man aus einer eben erschienenen Schrift: Zur französischen Grenzregulirung. (Berlin, Charisius) kennen. Graf Capo d'Istria, der bekannte korsische Todfeind Napoleons und russische Diplomat, hatte in einer Denkschrift vom 28. Juli 1815 die Behauptung aufgestellt, daß man von Frank= reich keine Gebietsabtretungen fordern dürfe, da man mit diesem Lande überhaupt nicht im Kriege gewesen sei, sondern nur im Bündniß mit Ludwig XVIII. gegen Napoleon gekämpft habe. Darauf antworteten preußischerseits Wilhelm v. Humboldt, General von Knesebeck, Freiherr v. Stein und Fürst Hardenberg, unterstützt vom Grafen Winzingerode im Namen Württembergs und vom Freiherrn v. Gagern im Auftrage der niederländischen Regierung. In der Denkschrift des letztern finden wir ein Wort, das auf heute paßt. Die französische Ehre erlaube keine Gebietsabtretungen, hatte man gesagt. „Ist diese französische Ehre anders beschaffen, als diejenige der andern Völker?" fragte Gagern. Noch eine andere Stelle seiner „vertraulichen Denkschrift" ist wie für uns und die heutige Frage geschrieben. Sie lautet: „Sagen, daß man nur Bonaparte bekämpft habe, ist eine der abgeschmacktesten Behauptungen, welche jemals vernünftige Leute sich erlaubt haben, und die man nur erdacht haben kann, um sich über uns lustig zu machen. Wir werden ihr erst dann Glauben beimessen, wenn man uns bewiesen haben wird, daß er allein bei Waterloo, Ligny und Quatrebras kartätschte, schoß und niedersäbelte." Noch in einem Ausspruch mag der patriotische Diplomat, ein weißer Rabe unter dem „Federvieh" seiner Zeit, für unsere Forderungen eintreten: „Man glaubt sich mit Geldopfern abfinden zu können. Wer gestattet den Fran= zosen diese Wahl? Zu Münster und Osnabrück ließ man Entschädigung in Geld und in Gebietsabtretungen neben einander zu."

und Großen bewahrt. An Bemühungen, ſie nationalfranzöſiſch zu machen hat es nicht gefehlt. Am eifrigſten haben die Kirche und die Schule katholiſchen Bekenntniſſes auf dieſes Ziel hingewirkt. Um die Katholiken beim wahren Glauben zu erhalten und die Proteſtanten zu ihn hinüber= zuführen, haben die Ultramontanen kein beſſeres Mittel gekannt, als die Bevölkerung zu verwälſchen. Der heutige Krieg hat Beweiſe in Menge geliefert, daß den katholiſchen Bauern von ihren Seelſorgern und Lehrern die Begriffe „Preuß" und „Ketzer" als gleichbedeutend vorgeſtellt worden ſind. Die vielen Klagen über Glaubensbedrückung, die wir beſonders ſeit 1840 aus dem Elſaß gehört haben, ſind immer mit Beſchwerden über Verdrängung der deutſchen Sprache verbunden geweſen. Selbſt der übrigens ſehr löbliche Verein für Verſorgung der kleineren Orte und Dörfer mit Büchern, der im Elſaß beſteht, wirkt durch unmäßige Begünſtigung der fran= zöſiſchen Literatur auf Verwälſchung hin. Die große Zahl der franzöſiſchen Beamten und Offiziere, die franzöſiſche Hochſchule in Straßburg, die Kon= ſcription und das Einſteherweſen, die Verſetzung des Arbeiterſtandes mit franzöſiſchen Socialiſten u. a. m. hat dieſelbe Tendenz. Man iſt ſo weit gegangen, den deutſchen Soldaten und Matroſen das Singen deutſcher Lieder ſtreng zu verbieten.

Trotz aller dieſer Bemühungen iſt die Sprachgrenze noch heute faſt dieſelbe wie am Ende des ſiebzehnten Jahrhunderts. In Lothringen folgt dieſe Grenze einer Linie, die von Longwy auf Diedenhofen (Thion= ville) läuft, von da ſüdöſtlich zieht, weſtlich am Metz ſtreift und bei Lützel= hauſen das Elſaß erreicht. Bemißt man die Gebietsabtretungen nur nach der Sprachrückſicht, ſo erhält Deutſchland von den heutigen Departements der Meurthe und der Vogeſen nur kleine Stücke, vom Departement der Moſel dagegen die größere nordöſtliche Hälfte mit Diedenhofen, während der kleinere ſüdweſtliche Theil mit Metz bei Frankreich bleibt. Außer der Sprach= grenze wollen bei Gebietsregelungen aber auch die natürliche und die ſtra= tegiſche Grenze berückſichtigt ſein. Namentlich die letztere ſpricht ein ge= wichtiges Wort mit, und es iſt z. B. ganz undenkbar, daß man die überaus ſtarke Feſtung Metz, obgleich ihre Bevölkerung ganz franzöſiſch iſt, dem Reichsfeinde belaſſe.

Die natürliche lothringiſche Grenze hat der Franzoſe de Saulcy in den folgenden Worten bezeichnet: „Am Saum der traurig einförmigen Ebene der Champagne erblickt der oſtwärts ziehende Wanderer eine grüne Höhenkette, die er von fern ſchon freudig begrüßt. Dieſe Höhen ſind die Argonnen, dieſer letzte Wall, welchen die Vorſehung auf dem Wege der germaniſchen Eroberer aufgethürmt hat. Südweſtlich liegt Frankreich, nordöſtlich das ewige Schlachtfeld der galliſchen und der germaniſchen Race. Am Fuße der Argonnen fließt von Süd nach Nord die Maas, an welcher Verdun liegt, weiterhin erhebt ſich ein anderer Höhenzug mit bequemeren

Uebergängen, der das Waldgebirge der Ardennen mit den Vogesen ver=
bindet. Darüber hinaus erstreckt sich das köstliche Moselthal, reich an
allen Schätzen, welche die Erde dem Menschen zu bieten vermag und mit
zahlreichen Zuflüssen, die aus den zur Kalkformation gehörenden Bergen
kommen". In der That sind Maas und Mosel deutsche Ströme, ebenso
die lothringischen Nebenflüsse der letzteren, Meurthe, Seille, Orne, Alzig,
Sauer und Saar. Die bedeutendsten Städte des Landes liegen an der
Maas (Verdun), an der Meurthe, (Luneville und Nanzig) und an der
Mosel (Toul, Metz und Diedenhofen).

In strategischer Beziehung wird die Linie Diedenhofen=Metz=
Nanzig=Epinal als das Wenigste bezeichnet, was wir von Frankreich for=
dern dürften. Vollständig erreichten wir den Zweck, Frankreich bei einem
künftigen Krieg in Nachtheil gegen uns zu bringen, wenn wir die Doppel=
kette des Argonnenwaldes in die deutsche Grenze hineinzögen. Dann deckte
Sedan unsern rechten Flügel, unsere Vortruppen ständen fünfundzwanzig
Meilen von Paris und ein Vormarsch gegen die feindliche Hauptstadt
stieße auf kein Naturhinderniß, da keines der Flußthäler sich als Quer=
riegel vorlegt. Ohne für die Forderung dieser Grenze einstehen zu wollen,
bemerken wir, daß Frankreich, wenn ihm der Sieg beschieden gewesen
wäre, eingestandener Maßen unser ganzes Rheinland, über fünfhundert
Geviertmeilen mit drei und einer Drittel Million Einwohnern, genommen
hätte. *)

Im Ganzen sehr einfach liegen die Sprachverhältnisse im Elsaß.
Hier bildet der Saum der Vogesen zugleich die Sprachgrenze und die
natürliche und strategische Grenze. Nimmt man sie bei der Abtretungsfrage
zur Norm, so fallen an Deutschland blos fünfzehn ganze und zehn halbe
Gemeinden mit französischen Einwohnern. Diese Gemeinden liegen in
den obern Vogesenthälern und haben zusammen siebenundzwanzigtausend
Einwohner. Nur an einer Stelle kann die Sprachgrenze unmöglich als
politische Grenze angenommen werden. Es ist dies die südwestliche Ecke
des Elsaßes, in der die Zuflüsse des Doubs eine tiefe Einsenkung zwischen
den Vogesen und dem Jura durchströmen. In dieser Gegend, deren wich=
tigster Punkt die Festung Belfort ist, kommen gemischte und auch rein
französische Gemeinden mit etwa 59,000 Franzosen vor. Aus strategischen
Rücksichten müssen wir dieses Gebiet fordern, da Belfort, indem es den
Durchgang vom Rhonethal zum Oberrheinthal deckt, zugleich der gelegenste
Punkt zu einem Vorstoß gegen Oberdeutschland ist. Zu Anfang des

---

*) „Deutschlands strategische Grenze gegen Frankreich", von Franz Maurer
(Hildburghausen, 1870) begründet diese am weitesten gehende Grenzberichtigung.
Die gründlichsten Untersuchungen über die Sprachgrenze findet man bei Böckh: Der
Deutschen Volkszahl und Sprachgebiet (Berlin, 1870.)

jetzigen Krieges war man gezwungen, die diesseitigen Gegenden den Fran=
zosen halb und halb preis zu geben, und ließ im Schwarzwalde fünf=
zehnhundert Mann unaufhörlich hin und herziehen, um bei den feindlichen
Spähern den Glauben an eine starke Besetzung des Landes zu erwecken.
Die Kriegslist gelang, der „verlorene Winkel" wurde nicht behelligt.

Mit Hinzurechnung der französischen Landstrecken um Belfort ergiebt
sich für das Elsaß ein Flächenraum von 159 Geviertmeilen mit 1,120,000
Einwohnern. Deutsch=Lothringen ohne Metz hat 88 Geviertmeilen mit
352,000 Einwohnern. Ueber das Verhältniß der Glaubensbekenntnisse
herrscht eine große Ungewißheit, hervorgerufen durch das Bestreben der
Franzosen, die Zahl der Protestanten möglichst klein erscheinen zu lassen.
In Deutsch=Lothringen leben fast nur Katholiken, im Elsaß soll nach den
amtlichen französischen Angaben die protestantische Kirche ein Fünftel der
ganzen Bevölkerung umfassen. Man wird der Wahrheit näher kommen,
wenn man den dritten Theil der Elsässer zu den Protestanten rechnet.
Verhältnißmäßig groß ist die Zahl der elsässischen Juden, die 36,000
beträgt.

Die volkswirthschaftliche Geographie, wenn dieses Wort erlaubt
ist, weist Elsaß und Deutsch=Lothringen zu uns hin. Die Ströme
trennen nicht, sie verbinden. Nur durch politische Ereignisse ist das
rheinische Gebiet, beiden Theilen zum Schaden, mitten entzwei geschnitten
worden. Wo der Rhein diesseits und jenseits deutsch ist, bildet er eine
der lebhaftesten Wasserstraßen Europa's. Am Oberrhein herrscht eine
Stille, die in den ungünstigen Stromverhältnissen nicht allein liegt. Der
Verkehr von Ufer zu Ufer ist äußerst gering und oft vergeht eine Stunde,
ehe der Wanderer durch sein Rufen einen elenden Nachen herbeirufen
kann, mit dem er die Fluthen durchschneidet. In den Rhein münden die
elsässischen Flüsse und ihm ist auch der schöne lothringische Moselstrom
tributpflichtig.

Um den wirthschaftlichen Aufschwung des Elsasses haben
sich zwei Männer besonders verdient gemacht. Gewöhnlich wird Johann
Friedrich Oberlin, der Wohlthäter des rauhen Steinthals und einer der
edelsten Vorkämpfer der socialen Wiedergeburt, allein genannt. Eine weit
umfangreichere Thätigkeit in demselben Sinne hat aber der Graf Adrian
v. Lezay=Marnezia entfaltet, der von 1806 bis 1814 in Lothringen und
Elsaß thätig gewesen ist. Er hat den Anlaß zu dem mächtigen Gedeihen
des Ackerbaues, der Gewerbe und des Handels im ganzen Elsaß gegeben.
Daß Alexander v. Humboldt diesem Manne öffentlich seinen Beifall ge=
zollt hat, genügt zur Charakterisirung seiner Verdienste.

Die Großgrundbesitzer gehören zum Theil noch dem alten deutschen
Adel an, zum Theil sind sie Franzosen und erklärte Feinde des deutschen
Elements. Im Bauernstande herrscht die Zwergwirthschaft stark vor und

ist zur Anspannung aller Kräfte, wie zur Erstrebung des größtmöglichen Ertrags gezwungen. Den größern Grundbesitzern gehören die gut ge= pflegten Wälder, die Gemeindehölzer lassen viel zu wünschen übrig, da das schlecht gehütete Vieh manchen Schaden in ihnen anrichtet. Einen großen Raum, mehr als die Hälfte des gesammten Bodens, nehmen die Weinberge ein. Eine sorgfältige Pflege der Berge sieht man überall, aber in allem Uebrigen müssen die Elsässer von den Rheinländern lernen. Sie sehen auf Menge, nicht auf Güte des Erzeugnisses und erndten im Durchschnitt achtzehn Ohm vom preußischen Morgen. Außer der Rebe haben die Römer die edle Kastanie und den Nußbaum eingeführt. Die Kastanienwälder sind übrigens von geringem Umfang und die Nußbäume dienen nur zur Einfassung der Straßen. Von auffallend geringer Be= deutung ist der Obstbau. Im Ackerbau hat das untere Land das obere überholt. Am Niederrhein, wie die Franzosen zu sagen pflegen, giebt der reichlich gedüngte Boden mindestens eine reiche Erndte. Man treibt Zwei= felderwirthschaft und läßt ununterbrochen einerseits Weizen und Gerste, andererseits Tabak, Raps, Mohn und Flachs auf demselben einander folgen. Buchweizen baut man am Niederrhein nicht mehr und der Roggen nimmt nur noch einen sehr geringen Theil der Oberfläche ein, während der Weizen, die Gerste und die Handelspflanzen eine wichtige Rolle spielen.

Die neuern technischen Gewerbe hat das Elsaß nicht eingeführt und besitzt weder Zuckersiedereien, noch Brennereien. Dagegen sind die alten Gewerbe vervollkommt worden, welche auf der Bearbeitung des Krapps, des Mohnes, des Rapses, des Flachses, des Hanfes und des Hopfens beruhen. Der Krappbau hat neuerdings eine Einschränkung, der Hopfen= bau eine Ausdehnung erfahren. Der Mohn, der Raps und der Dotter geben im Mittel einen Ertrag von dreiunddreißig bis vierzig Thaler vom Morgen und auf demselben Raum liefern Hanf und Lein neunundeinhalb Centner Faser, der Tabak neun bis zehn Centner trockene Blätter und der Krapp doppelt so viel. Die größten Erträge gewähren die Hopfen= gärten, aber bei dieser Pflanze kommen nicht selten Mißjahre vor. Von den genannten Kulturen hat der Bauer einen mindestens dreimal so großen Gewinn und vermehrt die letzteren daher, indem er das Heu durch Futterkräuter ersetzt.

Die schwache Seite des Elsasses ist die Viehzucht. Die Pferde sind klein, das Rindvieh besteht zu einem sehr großen Theil aus Zugvieh. Mast wird nicht betrieben, das Milchvieh nimmt mehr und mehr zu. Die Schafzucht vermindert sich alljährlich, auf die Schweinezucht wird größere Aufmerksamkeit verwendet, die Geflügelzucht giebt zu einem an= sehnlichen Handel Veranlassung.

Lothringen hat außer Metz keine Stadt von mehr als zehntausend

Einwohnern. In dem deutsch redenden Theile zählt man fünfzehn Ge=
meinden mit mehr als zweitausend Einwohnern. Das Elsaß besitzt eine
große Anzahl sogenannter Städte, aber darunter nur wenige von Be=
deutung. Da wir Einzelschilderungen bringen werden, so können wir
hier nur ganz allgemein sprechen. Als bedeutende Städte sind nur
Straßburg und Mühlhausen zu rechnen, schon Kolmar und noch mehr
Hagenau und Schlettstadt sind Landstädte, während Gebweiler, Markirch,
Thann zu den Fabriksstädten gehören. Die fünfundsechszig Gemeinden mit
weniger als fünftausend Einwohnern sind entweder kleine Ackerbaustädtchen,
oder größere Fabrikdörfer. Der Aufschwung der deutschen Rheinlande ist
in neuerer Zeit so gewaltig gewesen, daß das Elsaß bereits überholt ist.
Das läßt sich besonders in der preußischen Rheinprovinz beobachten. Als
die Herrschaft Napoleons aufhörte, war das Elsaß der Rheinprovinz be=
deutend voran, aber dies hat sich seitdem so geändert, daß die Bevölkerungs=
zunahme auf unserer Seite über vierundsiebenzig Prozent, dagegen im De=
partement Oberrhein nur dreiundvierzig und im Departement Unterrhein
nur siebenzehn Prozent betragen hat. Straßburg hat sich weit weniger
entwickelt als Köln und selbst Mühlhausens Wachsthum wird von dem=
jenigen der großen rheinischen und sächsischen Fabrikstädte ansehnlich über=
troffen. Die Wiedervereinigung mit Deutschland wird auch Lothringen
und das Elsaß an den günstigern Verhältnissen Theil nehmen lassen,
welche bei uns so glücklich gewirkt haben.

II.

Ortsbeschreibung.

Die Landschaft und ihre Sehenswürdigkeiten. Geschichte und Sage. Industrie, Handel und Gewerbe.

> Drei Schlösser auf einem Berg,
> Drei Kirchen auf einem Kirchhof,
> Drei Städte in einem Thal
> Hat ganz Elsaß überall,
>
> Altes Sprüchwort.

Das schmerzliche Bewußtsein, das schöne Land verloren zu haben, ist dem deutschen Besuch des Elsasses bisher hinderlich gewesen. Auf hundert Reisende, die in der Schweiz und in Italien genau Bescheid wissen, kommt kaum einer, der von dem Höhenzuge, den der Belchen beherrscht, oder von den Thälern der Ill und Lauter zu erzählen wüßte. Mit Ausnahme Straßburgs ist das Elsaß ein unbekanntes Land, so leicht die Eisenbahnen die Bekanntschaft mit ihm auch machen. Durch die ganze Länge des Landes zieht eine Bahn, die bei Weißenburg in das Elsaß eintritt und bei Hüningen es verläßt. Hagenau, Schlettstadt, Kolmar und Mühlhausen sind die bedeutendsten Orte dieser Linie, die nach Belfort weiter führt und von mehreren Punkten Zweigbahnen aussendet. Nach Frankreich hin läuft die über Saarbrücken gehende Bahn, deren Weiterbenutzung unsern Truppen durch Metz untersagt wurde, bis sie binnen vierzig Tagen einen die Festung vermeidenden Schienenweg zwischen Remilly und Musselbrück bauten. Eine zweite Verbindungsbahn, die wegen einer Abzweigung bei Eckwersheim auch vor dem Fall von Straßburg für uns verwendbar blieb, geht von Kehl nach Nanzig. Diesen Bahnlinien werden wir bei unserer Beschreibung vom Elsaß und Lothringen folgen.

1. Von Straßburg bis Hüningen.

Straßburg, der Ausgangspunkt unserer Wanderung, ist nur zum Theil verwälscht. Es existirt aber immer noch ein bedeutender Stock deutschen Bürgerthums. Im Jahr 1821 zählte die Bevölkerung 49,700 Köpfe, im Jahre 1866 hatte sie sich auf 84,200 vermehrt. In dem Thal gelegen, das östlich von den Vogesen, westlich vom Schwarzwalde begrenzt und vom Rhein durchströmt wird, hat Straßburg, wie das ganze Elsaß, ein höchst veränderliches Wetter. Da der Schnee in den Bergen bis zum Juni liegen bleibt, so pflegt der Winter lang und rauh, der Frühling kurz zu sein. Die Sommer bringen in der Regel große Hitze, die angenehmste Jahreszeit ist der Herbst, der sich nicht selten in den November hinein fortsetzt. Häufig regnet es, der Schneefall ist reich= lich, die herrschenden Winde sind der Süd= und der Nordost.

Vom Rhein etwa eine Stunde entfernt, wird Straßburg von zwei Armen der Ill durchströmt. Der Charakter der Stadt ist ein pittoresker und zahlreich sind noch die alten Straßen, deren Häuser mit geschnitztem Balkenwerk geziert sind und mit jedem Stockwerk höher in die Straße vortreten, so daß ihre Giebel sich fast berühren. Einen alterthümlichen Anblick gewährt der Stadttheil, in den die Ill zuerst eintritt, da man die alten Mauerthürme geschont hat. Manche Straßen sind ganz modern und mit prächtigen Kaufläden versehen. Als Festung gehört Straßburg zu den Plätzen ersten Ranges. Die Citadelle wurde von Vauban un= mittelbar nach dem Ueberfall der Franzosen gebaut und in drei Jahren vollendet. Eine ernstliche Belagerung hat sie bis zur Einnahme Straß= burgs durch unsere Truppen nie zu bestehen gehabt. Sie bildet ein Fünfeck mit fünf Bastionen und ebenso vielen Halbmonden und umschließt eine Kaserne wie andere Militärgebäude. An dem großen Platze, der die Citadelle von der Stadt trennt, liegt das Arsenal, eines der größten Gebäude dieser Art, welche Frankreich besaß. In seinen Waffenkammern sollen gewöhnlich 200,000 Flinten, 10,000 Pistolen, 70,000 Säbel und 20,000 Lanzen gelegen haben. Bis 1866 hatte Straßburg auch eine Stückgießerei, die in jenem Jahre nach Bourges verlegt wurde. Unter den acht Kasernen, in denen 10,000 Mann und 1500 Pferde Unter= kommen finden, ist die Finkmatt, an die sich eine für Napoleon III. un= angenehme Erinnerung knüpft. Vor diesem Gebäude wurde er, als er am 30. Oktober 1836 sein Straßburger Attentat gegen Ludwig Philipp machte, von einem Unteroffizier festgenommen und der Polizei übergeben.

Vor einem Baue Straßburgs verschwinden alle anderen. Diesen Wunderbau, das weltberühmte **Münster**, ausführlich darstellen zu wollen, wäre nach hundert besseren Schilderungen ein verfehltes Unternehmen. Ueber den Charakter des unvergleichlichen Monuments urtheilt Franz

Kugler, daß man in diesem Werke Erwin's von Steinbach, der den Bau von 1277 bis 1318 leitete und nach dessen Plan noch zwei Jahrzehnte nach seinem Tode fortgearbeitet wurde, französische Studien erkenne, daß aber das von den nordfranzösischen Kathedralen Gegebene hier zum flüssigeren Adel, zur bewegteren Anmuth durchgebildet sei. „Die Ver=hältnisse und die Massen sind einfach," fährt Kugler fort, „doch ist an schicklichen Stellen eine zierlich leichte Gliederung hinzugefügt. Sculptur=schmuck ist reichlich vorhanden, aber ohne die drückende Ueberfülle der französischen Muster. Dann tritt, völlig eigenthümlich, ein schlankes Stab= und Maaswerk hinzu, welches sich vor die füllenden Flächen spannt und der Masse durch ein luftiges Formenspiel eine durchsichtige Verkleidung giebt. Es ist der erste, freilich noch dekorative, aber doppelt wundersam wirkende Versuch, auch die Schwere der stützenden Außenformen in eine bewegte Gliederung umzugestalten. Das Rosenfenster des Mittel=baues hat ein strahlendes Maaswerk, in seiner Art von höchst vollende=tem Reize". Glücklicherweise hat die Beschießung dem Münster keine Be=schädigungen zugefügt, die uns Besorgnisse einflößen könnten, daß der alt=ehrwürdige Bau, von deutschen Händen zur höchsten Ehre deutscher Kunst aufgeführt, mit der Fremdherrschaft zugleich untergehen werde.

In der Neuen Kirche, deren Chor durch die Leichtigkeit seiner Gewölbe Aufmerksamkeit erregt, wurde die städtische Bibliothek auf=bewahrt. Hoffen wir, daß sie nicht ganz verbrannt ist und daß man wenigstens die Seltenheiten, an denen sie reich war, gerettet hat. Die Zahl ihrer Incunabeln und Druckschriften bis zum Jahre 1520 betrug etwa 4300. Ihre Handschriftensammlung enthielt sehr schöne Exemplare, namentlich den Hortus Deliciorum der Aebtissin Herrade von Lands=berg aus dem dritten Viertel des zwölften Jahrhunderts, ein unfassen=des encyklopädisches Werk, versehen mit einer großen Anzahl von Bildern, welche eine Fülle von Anschauungen des Lebens und von sinnreichen allegorischen Vorstellungen boten. Die Neue Kirche besaß auch eine der schönsten Silbermann'schen Orgeln und das Grabmal Jakob Tauler's, des berühmten Straßburger Dominikaners, dessen ins Neudeutsche über=tragene Predigten noch heute sehr eifrig gelesen werden.

Die Thomaskirche soll den Platz einer alten Pfalz der Franken=könige einnehmen. Zuerst im byzantinischen Styl erbaut, brannte die Kirche zweimal nieder und erhielt im dreizehnten und zu Anfang des vierzehnten Jahrhunderts ihre jetzige Gestalt. Von ihren beiden Thür=men ist der westliche in seinen unteren Theilen byzantinisch, der östliche ganz gothisch. Das fünfschiffige Langhaus zeichnet sich durch hohe Pfeiler aus und besitzt schöne gemalte Glasfenster und eine Orgel von Andreas Silbermann. Das schönste ihrer Denkmale ist ein Mausoleum des Mar=schalls von Sachsen, eine Arbeit von Pigalle, die den Namen eines

Meisterwerks verdienen würde, wenn die allegorische Figur Frankreichs nicht an die Nymphen erinnerte, die in der Rokokozeit, in welche die Erbauung des Denkmals fällt (1777), Mode waren. Die Thomaskirche wurde bei der Uebergabe Straßburgs den Protestanten für ihren Gottes=dienst bewilligt.

Nach Paris war Straßburg immer die Stadt des Reichs, in welcher dem Unterricht die größte Sorgfalt gewidmet wurde. Die alte Hoch=schule, 1621 gegründet, war zu einer französischen Akademie geworden, an der Facultäten des Rechts, der Medicin und der protestantischen Theologie bestanden. An dieser Hochschule haben Männer wie Jeremias Oberlin, Schöpflin, Koch und Schützenberger gelehrt und Goethe, Herder, Lenz, Stilling und Metternich haben zu ihren Schülern gehört. Be=rühmte Franzosen hat der Straßburger Lehrkörper nicht aufzuweisen. Unter den militärischen Berühmtheiten, denen Straßburg das Leben ge=schenkt hat, steht Kleber obenan. Wie ihm, hat man auch unseren Gutenberg ein Denkmal gesetzt, wodurch die Volkssage sich übrigens nicht abhalten läßt, bei der Behauptung zu beharren, daß eigentlich Jo=hann Mentelin, am Frauhof zum Thiergarten die herrliche Kunst der Druckerei erfunden habe, daß ihm seine Erfindung aber durch seinen ungetreuen Diener Johann Gensfleisch entwendet und in Mainz durch den Gutenberg, der sehr reich gewesen, in bessere Ordnung gebracht worden sei.

Die Plätze und Straßen haben vielfach ihre Namen geändert. Der Gutenbergsplatz hieß früher Marktplatz, der Broglieplatz Roßmarkt. An dem letzteren liegt das in den Jahren 1805 bis 1821 erbaute Theater. Der Haupteingang zum Broglieplatz bildet die Brandstraße, so genannt nach der Hinrichtung von zweitausend Juden durch Feuer, die hier zur Zeit der großen Verfolgung von 1349 stattgefunden hat.

Der Handel mit Roherzeugnissen ist nicht unbeträchtlich. Unter den Artikeln, die er verschickt, nehmen Bier und Tabak, die schon lange auch zu französischen Genüssen geworden sind, die erste Stelle ein, ob=gleich man sie gewöhnlich den berühmten Gänseleberpasteten einzuräumen pflegt. Die Industrie hat nicht dieselbe Wichtigkeit und liefert haupt=sächlich Zündhölzchen, Brückenwaagen, gewöhnliche Kupfergeschirre, Wagen, Töpferwaaren, Leder und einige andere Artikel. Unter den Druckereien sind einige namhafte, von denen mehrere mit Schriftgießereien verbunden sind. Berühmt ist G. Silbermann durch chromolithographische Drucke ge=worden.

Die beiden Hauptspaziergänge der Straßburger, beide mit prächtigen Bäumen bepflanzt und von der Ill oder Kanälen derselben durchschnitten, sind die Robertsau und der Contades. Die Anlagen der Robertsau rühren zum Theil von Lenotre her. Die in der Mitte des Gartens stehende Orangerie war ein altes Lustschloß der Herzöge von Zweibrücken in Buchsweiler, das Stück für Stück abgetragen und in der Robertsau wieder aufgebaut wurde. Von der Robertsau führte eine Hängebrücke zur Insel Waaken, um die bei der letzten Belagerung mehrmals gekämpft wurde. Zu den Spaziergängen von Straßburg gehört auch der Weg nach Kehl, der vor dem Austerlitz-Thor beginnt. Seine prächtigen Bäume haben die Franzosen gefällt, die Rheinbrücke der Eisenbahn, über die sich seit ihrer Vollendung (6. April 1861) der ganze Verkehr zwischen Straßburg und Kehl bewegte, ist von uns theilweise zerstört worden.

Die Fahrt von Straßburg nach Basel wird mit dem Schnell-zuge in drei Stunden und zwanzig Minuten gemacht. Die Bahn durch-schneidet das schöne und reiche Thal des Elsasses und bleibt vom Rhein durchschnittlich zwei und eine halbe Meile entfernt. Auf der ganzen Strecke, die etwa achtzehn Meilen lang ist, kommen wenig Höhenver-schiedenheiten vor, so daß die einzigen Kunstwerke der Bahn in kleinen Brücken bestehen, die man über die zahlreichen Zuflüsse der Ill hat bauen müssen. Immerfort sieht man die hohe Kette der Vogesen, auf der zahl-reiche Ruinen mittelalterlicher Burgen bald von einem grünen Hinter-grunde, bald vom Himmel sich abheben. Mehr in der Nähe zeigen sich fruchtbare und wohlbestellte Felder, schöne Forsten, zahlreiche Ortschaften und mächtige Fabrikschornsteine. Häufig treten zur Linken die Gipfel des Schwarzwaldes in das Panorama ein.

Illkirch, wo die Uebergabe Straßburgs an Ludwig XIV. abge-schlossen wurde, ist der erste historisch bekannte Ort der Bahn. Zwei der nächsten Orte spielen in der katholischen Legende eine Rolle. Jegers-heim besitzt eine dem heiligen Udallrich geweihte Kapelle, neben der eine Quelle sprudelt, die bei Augenkrankheiten für heilkräftig gilt. Bei Hips-heim hat der heilige Ludan seine Ruhestätte gefunden. Man zeigt sein Grabmal, auf dem er in Stein, als Pilger gekleidet, ausgehauen ist. Der Besuch dieses Grabmals bringt bei Knieschmerzen Hülfe und jedes Jahr erscheinen zahlreiche Pilger, und lassen zum Andenken Strumpf-bänder von allen Farben zurück. Der Heilige war ein schottischer Pilger und wurde in der Nähe seiner Kapelle am Fuße eines Baumes erfroren aufgefunden.

Bei Erstein liegt ein Dorf, in dessen Nähe eine Sage gleich jener der Weiber von Weinsberg spielt. Walter von Geroldseck unternahm von seiner Burg Schwanau Raubzüge, die lange ungestraft blieben, da die Lage seiner Burg mitten im Sumpfe am Rhein einen Angriff er-schwerte. Im Jahre 1033 schlossen die Straßburger ihn ein und zwangen ihn zur Ergebung auf Gnade und Ungnade. Nur seine Frau wollten sie mit dem schonen, „was zu ihrem Leibe gehörte." Da nahm sie ihren Mann auf den Rücken und ihren jungen Sohn auf den Arm und trug

sie über die Zugbrücke. Das gehöre zu ihrem Leib, sagte sie. Die
Straßburger hielten ihr Wort, aber vier andere Herrn von Geroldseck
und noch fünfzig vom Adel, die man in Schwanau ergriff, wurden ent=
hauptet und die Burg so zerstört, daß man keine Spur mehr vorfindet.

Die Vogesen zeigen sich in dieser Gegend ganz nahe und laden zu
Ausflügen ein. Besonders lohnend ist ein Besuch des Ottilienberges,
den man über Ehnheim (Obernai) erreicht. Auf diesem Wege liegen
die Ruinen der Schlösser Lützelburg und Rathsamhausen. Beide
liegen so nahe an einander, daß sie ein einziges Gebäude zu bilden schei=
nen. Von der Lützelburg steht nichts mehr als ein viereckiger Bau und
ein starker runder Thurm; Burg Rathsamhausen hat sich besser erhalten
und gehört zu den schönsten Resten mittelalterlicher Architektur. Ein sehr
hoher runder Thurm und ein etwas niedrigerer viereckiger werden durch
ein Mauerwerk verbunden, das sich durch eine große Mannichfaltigkeit
der Ornamentik auszeichnet. Die beiden Burgen werden im 14. Jahr=
hundert zum ersten Male erwähnt, sind aber, wie ihr romanischer Styl
beweist, viel älter.

Das Ottilienkloster erhebt sich auf einem Vorsprunge der Voge=
sen, der steil und mehr als vierhundert Meter hoch zur Ebene niedergeht.
Der Felsblock auf der Höhe des Berges, der das Kloster trägt, ist nur
von einer Seite zugänglich. Die heilige Ottilie, die Patronin des Elsasses,
hat das Kloster gegen das Ende des 7. Jahrhunderts gebaut. Nach der
Sage kam sie blind zur Welt und ihr Vater wollte sie deshalb tödten
lassen. Die Amme rettete sie nach Scherweiler und da das Kind bei der Taufe
das Gesicht wieder bekam, so nahm der Vater es wieder zu sich. Ottilie
weigerte sich aber, zu heirathen, und sah sich einer neuen Verfolgung
ausgesetzt, welcher sie nur durch ein Wunder entging. Der Fels spaltete
sich vor ihr und der Vater, durch dieses Wunder besiegt, erlaubte ihr
nun den Schleier zu nehmen. Das von ihr gebaute Kloster erhielt sich
lange mit Glanz und zählte mehrere berühmte Aebtissinnen, unter denen
auch Herrade von Landsberg war. Im Jahre 1546 wurde es durch eine
Feuersbrunst zerstört und sank nach seinem Wiederaufbau während des
dreißigjährigen Kriegs noch einmal in Trümmer. Die Prämonstratenser
stellten es wieder her und 1853 ließ der Bischof von Straßburg eine
durchgreifende Restauration ausführen.

Das Kloster besteht aus einem einstöckigen Mittelgebäude mit zwei
zurücktretenden Flügeln und mit einem Hof, der auf drei Seiten von
einem Kreuzgang eingeschlossen wird. Die Architektur dieses Baues bietet
nichts besonderes dar; interessant sind zwei Basreliefs, von denen das eine
den Herzog Attich darstellt, wie er seiner Tochter Ottilie den Grund und
Boden schenkt, auf dem das heutige Kloster steht, während auf dem zwei=
ten die Aebtissinnen Relinde und Herrade zu den Füßen der Jungfrau

knieen. Beide Bildwerke stammen aus dem zwölften Jahrhundert. Mit der Klosterkirche, deren Inneres den Eindruck der Eleganz macht, stehen mehrere Kapellen in Verbindung. Die nach der heiligen Ottilie benannte ist von oben bis unten mit einem eichenen Getäfel bekleidet, auf das Scenen aus dem Leben der frommen Herzogstochter gemalt sind. Sie enthält die beiden größten Heiligthümer des Klosters, den steinernen Sarg der Heiligen und einen Reliquienschrein mit ihren Gebeinen. Das ganze Jahr durch wird hierher gewallfahrtet und von keinem Pilger ein Gebet bei der Ottilienquelle versäumt, die einem Wunder ihre Entstehung ver= dankt. Ottilie traf an dieser Stelle einen Wanderer, der vor Ermattung zusammengebrochen und dem Verschmachten nahe war. Mit ihrem Stabe schlug sie auf den dürren Fels und hervor sprang eine reiche Quelle, mit deren Wasser sie den Fremden labte.

Die Umgebungen des Klosters sind mit majestätischen Wäldern bedeckt, in denen man, welche Richtung man auch einschlagen mag, Rui= nen mittelalterlicher Burgen, seltsam gestaltete Felsen und beträchtliche Reste von Werken der Römer und noch älterer Zeiten findet. Ein bis= her ungelöstes Räthsel giebt die Heidenmauer den Alterthumsforscher auf. Sie läuft eine sehr weite Strecke auf dem Kamme der Vogesen fort und ist augenscheinlich ein Festungswerk. In der Regel ist sie zwei Meter dick und anderthalb Meter hoch und bildet nur eine einzige Linie; am Ottilienberg zieht sie sich als dreifacher Mauerkranz um eine Ober= fläche von mehr als einer Million Meter im Geviert. Bildete sie hier ein verschanztes Lager, oder einen Zufluchtsort, oder sollte sie eine Haupt= stätte heidnischen Gottesdienstes schützen? Die letztere Annahme dürfte die wahrscheinlichste sein, denn nicht genug, daß die Verlegung der Otti= liensage auf diesen Berg dem Grundsatz der ältesten Geistlichkeit ent= spricht, heidnische Opferstätten zu christlichen Wallfahrtsorten zu machen, schreibt das Volk den Steinen der Heidenmauer, obgleich diese ein Werk des Teufels sein soll, besondere Wirkungen zu. Darauf spielt Dürrbach in einem Gedicht an:

> Wer in der Gegend bauet,
> Der nimmt zu seinem Haus
> Von der zerfallnen Mauer
> Sich einen Stein heraus,
> Und glaubt, der Stein ertheile
> Dem Hause Festigkeit
> Und Allen, die's bewohnen,
> Noch Heil in jeder Zeit.

Die Wissenschaft findet sich mit dem Ursprung der Heidenmauer nicht so leicht ab, wie der Volksglauben. Die meisten französischen Gelehrten halten die Kelten der vorrömischen Zeit für die Erbauer und verweisen zur Unterstützung ihrer Ansicht auf die Druidensteine, die in der Nähe des geheimnißvollen Baues vorkommen. Nach einer anderen Meinung errichteten die Römer die Heidenmauer, um sich gegen den gewaltigen An= drang der germanischen Völker schützen zu können. Zur Begründung dieser Erklärung müssen die Holzpflöcke dienen, die in Schwalbenschwanzform die Steinblöcke der Mauer mit einander verbinden. Solche Pflöcke kom= men bei römischen Bauten, nie aber bei keltischen vor. Endlich wird auch der Nachweis versucht, daß die Burgherrn des Mittelalters die Erbauer seien. In Wahrheit dürfte sich die Sache so verhalten, daß die Kelten oder noch ältere Völker die ersten Befestigungen angelegt und nicht blos die Römer, sondern auch unsere alten Ritter die vorhandenen Werke an vielen Stellen erweitert oder verstärkt haben.

Die Bloß, eine felsige Hochebene, bewahrt die ansehnlichsten und best erhaltenen Reste der Heidenmauer. Wo diese in einem scharfen Win= kel sich wendet, erhebt sich der Männelstein, von dem man das ganze Elsaß bis Rheinbaiern auf der einen, und bis zu den Schweizer Bergen hinter Basel auf der andern Seite überblickt und auch die Bergkette des Schwarz= waldes fast in ihrer gesammten Ausdehnung vor sich hat. Der Männel= stein ist ein natürlicher Fels, an dem Backenfels dagegen, der wie ein Haufen geschichteter Brotlaibe aussieht, glaubt man Spuren der Bear= beitung zu entdecken. Unzweifelhaft künstlich entstanden sind der Schaff= stein und der Wachstein. Der Schaffstein liegt in einer Schlucht wenige Schritte vor der Heidenmauer und besteht aus drei Felsblöcken, über die ein vierter gelegt ist. Dieselbe Anordnung haben die bekannten Dolmen der Bretagne. Der Wachstein ist eine Art von langem, schma= lem und niedrigem Gang, der zu dem Schaffstein geführt zu haben scheint.

Unter den vielen Burgen der Gegend ist Burg Landsperg die interessanteste. Im dreizehnten Jahrhundert errichtet, muß sie ein wahr= haft schöner Bau gewesen sein. In ihren stattlichen Ruinen kommen Rundbogen und Spitzbogen neben einander vor. Die bedeutendste Stadt ist Barr, anmuthig im Kirneck=Thale zwischen Höhenzügen gelegen, die unten mit Reben bepflanzt sind und auf ihren höheren Hängen Wäl= der und die Burgen Landsperg, Andlau und Spessburg tragen. Mit Barr wetteifert Andlau in Weberei und Färberei. Die Stadt entstand durch eine Abtei, welche Richarde, Kaisers Karls des Dicken Gemahlin, hier gründete. Sie war eine der feinstgebildeten und schönsten Frauen der Zeit. Nach fünfundzwanzigjähriger Ehe verstieß der Kaiser sie, weil er sie im falschen Verdacht der Untreue hatte. Der Welt müde, beauftragte sie einen Ritter, ihr die einsamste Gegend zum Baue eines Klosters auszusuchen. Ueber dem Kirneck=Thale sah er in einem Bach eine Bärin trinken und fand daneben ihre Höhle mit drei Jungen. Die Gegend sei ihr einsam genug, meinte auf seinen Bericht die Kaiserin und baute die Abtei Andelahe, wo sie ihre letzten Lebensjahre unter Gebet und Wohlthun, in Erfüllung ihrer Amtspflichten als Aebtiffin und mit wiffenschaftlichen Beschäftigungen zubrachte. August Stöber erzählt in seinen „Sagen des Elsaßes", daß die Abtei lange Zeit lebendige Bären gehalten und bis in die neueste Zeit jedem vorüberziehenden Bärenführer ein Brot und drei Gulden verabreicht habe. Richarde liegt in der Kirche begraben und hat einen Abglanz ihres hohen Ranges auf ihre Stiftung vererbt. Die Aebtiffinen von Andlau zählten· zu den Fürstinnen des deutschen Reichs und unter die Klosterfrauen wurde keine Dame aufge= nommen, die bei der Ahnenprobe nicht sechszehn Ahnen nachweisen konnte.

An der Andlau hingehend, erreicht man den Hochwald, die be= liebtefte Sommerfrische der Straßburger. Die Gemeinde besteht als solche erft seit drei Jahren und wird, von einigen Sägemühlen abgesehen, blos von eleganten Schweizerhäuschen gebildet. Faft zweitausend Fuß über dem Meere gelegen, von munteren Bächen durcheilt und von Wäldern und Bergen umgeben, muß der Hochwald um so mehr Anziehungskraft üben, als für die Fremden beftens geforgt wird. Im Hotel· Hochwald der Frau Kuntz erhält man für fünf Franken täglich Wohnung und Koft ein= schließlich des Weines.

Wir müssen nun zu der Eisenbahn zurückkehren, die den Straß= burgern den Besuch des Hochwaldes erleichtert. Wichtige Ortschaften be= gegnen uns nicht, bis wir Schlettstadt erreichen. Die Stadt ist sehr alt, wenn sie auch nicht aus der Riesenzeit stammt, wie die Volkssage wissen will und wie auch mancher ernste Chronist bezeugt, indem er zur Bekräftigung auf das zwanzig Fuß lange Skelett des Riesen Schletta hinweift, das unter dem Thore des Spitals aufbewahrt wird, aber keinem Menschen, sondern einem ungeheuren Seethier angehört. Vielleicht schon in der gallischen Zeit erbaut, besaß Schlettstadt ein Schloß, in dem die fränkischen Könige häufig wohnten und Karl der Große 775 seine Weih= nachten feierte. Der Hohenstaufe Friedrich machte Schlettstadt zur Feftung und zur freien Reichsftadt. Es nahm nun an den vielen Kämpfen des Elsaffes Theil und schlug sich bei den Streitigkeiten zwischen der geift= lichen und weltlichen Macht stets für die Kaiser gegen die Bischöfe von Straßburg. Im dreißigjährigen Kriege wurde es von den Schweden unter Horn erobert, unter französischer Herrschaft fügte es sich schwer in die neuen Verhältnisse und nahm selbst die Grundsätze von 1789 nicht willig in sich auf. Zwei Parteien, die Gelben und die Stinker genannt, feindeten sich grimmig an und lieferten sich Straßengefechte. Während der Freiheitskriege wurde es 1814 von den Baiern belagert und heftig beschossen, wodurch viel Gebäude in Brand geriethen. Im folgenden Jahre fand eine neue Berennung statt, welcher der baldige Friedensschluß ein Ende machte. Im Mittelalter hat Schlettstadt eine Hochschule be=

seſſen, die auch in Deutſchland Ruf hatte und auf die geiſtige Entwicke=
lung des Elſaſſes einen großen Einfluß nahm. Der Geſchichtsforſcher
Jakob Wimpfeling, der Staatsmann Jakob Spiegel, der den Kaiſern
Maximilian I., Karl V. und Ferdinand I. als Secretär gedient hatte,
der Reformator Martin Bucer und der Literator und Geſchichtsforſcher
Beatus Rhenanus haben in Schlettſtadt gelebt. Im dreizehnten Jahr=
hundert iſt hier die Kunſt erfunden worden, dem Töpfergeſchirr eine Gla=
ſur zu geben.

Der militäriſche Sprachgebrauch bezeichnet Schlettſtadt als einen
Platz zweiten Ranges, doch gilt es für ſehr feſt. Für ſeine Bewohner
ſind die Wälle ein großer Nachtheil, da ſie die Ausdehnung des Orts
hindern, welche ſeine gewerbliche Thätigkeit und ſein ſehr lebhafter Handel
eigentlich ſehr nothwendig machen. Es iſt unregemäßig gebaut und hat
keinen andern Spaziergang, als die innere Linie der Wälle. Die Stra=
ßen ſind faſt alle krumm und eng, werden aber mit Hülfe von Bächen,
die durchlaufen, in einem erträglich reinen Zuſtande erhalten. Das ab=
ſcheuliche Pflaſter wird jetzt endlich verbeſſert, doch glaubt man zu dieſem
Fortſchritt zwölf volle Jahre zu gebrauchen. So unangenehm das
Innere der Stadt iſt, ſo anmuthig wird ihre Umgebung durch Wieſen,
einen ſchönen Wald und die prächtigen Berge gemacht, die das Mar=
kircher Thal einfaſſen.

Von Schlettſtadt nach Markirch führt eine Zweigbahn, die ihre
Fortſetzung nach St. Dié hat. Wo das Markircher Thal ſich öffnet, be=
ginnt eine der ſchönſten und merkwürdigſten Gegenden der Vogeſen. Dieſes
Thal läuft mit ſeinen üppigen Wieſen, ſeinen zahlreichen Dörfern, ſeinen
Fabriken und ſeinen pittoresken Seitenthälern zwiſchen zwei Bergzügen
hin, die ſiebenhundert bis tauſend Meter hoch und mit Tannenwäldern
bedeckt ſind. Die Mannichfaltigkeit der Landſchaft, die Reinheit der Berg=
und Waldluft, der Gewerbfleiß der Bewohner und die Leichtigkeit der
Reiſe locken viele Touriſten in das bewunderungswürdige Thal.

Die Stadt **Markirch** (Sainte Marie aux Mines) hat ſelbſt eine
ſehr ſchöne Lage. An dieſem Punkte ſchließt ſich das Thal, das nach ihr
benannt wird. Zur Hälfte gehörte ſie in alten Zeiten den Herzögen von
Lothringen, zur Hälfte den Herrn von Ribeaupierre (Rappoltſtein.) Ein
mitten durch die Stadt gehendes Flüßchen bildete die Grenze, die an einigen
Stellen auch mitten durch die Häuſer lief, ſo daß man das Sprichwort
hatte, im Elſaß werde das Brot geknetet und in Lothringen gebacken.
So unbedeutend und kaum bemerkbar die Grenze war, unterſchieden ſich
die Bewohner der beiden Theile in Sprache, Sitte und Tracht ſcharf von
einander. Links wohnten franzöſiſchredende Katholiken, rechts war alles
deutſch und proteſtantiſch. Dieſer Unterſchied hat ſich auch unter franzö=
ſiſcher Herrſchaft noch lange erhalten und erſt ſeit der Revolution ſind

die Wälschen in Vortheil gekommen. Im Glauben dauert das alte Verhält=
niß noch fort: die Hälfte der Bevölkerung ist katholisch, die Hälfte protestantisch.
Markirch jetzt ein Ort mit mehr als 12,000 Einwohnern, verdankt
seine Entwicklung dem Bergbau auf Silber, Blei und Kupfer, der seit
dem neunten Jahrhundert betrieben wird. Als das Elsaß französisch ge=
worden war, bildete sich eine Bergwerksgesellschaft, die einige Jahre mit
großem Nutzen arbeitete. Im Jahre 1765 hörte aber die Ergiebigkeit
der Erze plötzlich auf und beim Beginn der Revolution waren die Ar=
beiten bereits eingestellt. Glücklicher Weise hatte Markirch durch Johann
Georg Reber von Mühlhausen inzwischen neue Gewerbe bekommen. 1755
gründete dieser verdiente Mann Webereien und Färbereien, die seitdem
eine außerordentliche Ausdehnung gewonnen haben. Markirch fertigt
gegenwärtig alle möglichen Stoffe, reine und gemischte, und schlägt beson=
ders durch die Lebhaftigkeit seiner Farben jede Mitbewerbung aus dem
Felde. Nicht blos in der Stadt selbst, auch in einem Umkreise von fünf
Meilen in der Runde wird in allen Dörfern für die genannten Industrien
gearbeitet. Augenblicklich bestehen sechsunddreißig Fabriken von Web=
stoffen, von denen eine 1800 Arbeiter beschäftigt, neunzehn Färbereien,
vier Appretiranstalten und Bleichen und zwei Spinnereien. Die Zahl
der Arbeiter in den Dörfern mitgerechnet, beschäftigt Markirch nahe an
40,000 Menschen.

Auf der Rückfahrt nach Schlettstadt kann man das große Dorf
Scherweiler besuchen, bei dem die Bauern des Bundschuh=Heeres am
25. Mai·1525 eine schwere Niederlage erlitten haben. Sechstausend
starben hier unter den Schwertern der Landsknechte und in ihrem Blute
wurde der Aufstand erstickt. In Schlettstadt selbst ist besonders die
Georgenkirche sehenswerth, die aus rothem Sandstein und Granit er=
baut und eines der schönsten Gotteshäuser des Elsasses ist. In den letzten
Jahren hat man sie verständig restaurirt, gemalte Fenster und Wand=
malereien hinzugefügt und auch den eleganten und reichdekorirten Thurm
im ursprünglichen Styl hergestellt. Ein guter Fußgänger gelangt in dritte=
halb Stunden zu den Ruinen der hohen Königsburg, der be=
deutendsten dieser Art im ganzen Elsaß. Sie liegen auf einem Vorsprunge
der Vogesen, der mit dem Hauptgebirge durch einen Rücken verbunden
wird, auf dem die Ruinen einer zweiten Burg, des Königsbergs
liegen. Der Königsberg ist als ein Vorwerk der hohen Königsburg zu
betrachten und war mit ihr durch Mauern verbunden. Im 15. Jahr=
hundert war er eine Burg von Raubrittern geworden und wurde deshalb
von einem Bunde, zu dem der Erzherzog Sigismund, der Bischof von
Straßburg, die Stadt Basel und mehrere elsässische Ritter gehörten, be=
lagert und erstürmt. Seine aus rothem Sandstein erbauten Mauern
stehen fast in ihrer ganzen Höhe noch da, sein großer Schloßthurm ist

verschwunden, und die Stelle, die er einnahm, blos an einen großen Schutthaufen zu erkennen. Die hohe Königsburg zeigt noch imposante Thürme, bedeutende Theile ihrer Gebäude und Festungsmauern, die einen dreifachen Kreis bilden. Bei ihrer Eroberung im dreißigjährigen Kriege durch die Schweden wurde sie nur theilweise zerstört. Ihre Erhaltung hat sich die Gesellschaft zum Schutz der elsässischen Alterthümer angelegen sein lassen. Man hat die größern Säle gereinigt, die wankenden Mauern und Gewölbe gestützt und die schädlichen Schmarotzerpflanzen ausgerottet. In einem Seitenflügel der Burg liegt der große Saal, der ursprünglich drei Stockwerke hatte und jetzt nach dem Einsturz der Zwischendecken den Eindruck eines Riesenwerkes macht. Unter ihm befinden sich gewölbte Keller, die blos durch enge Schießscharten ihr Licht empfangen. Der Ottilienberg und der hohe Königsberg sind die besuchtesten Punkte des ganzen Elsasses.

Jenseit Schlettstadt beginnt die rechte Weingegend. Am südlichen Abhange des Osterberges wächst ein Wein, der unter dem sonderbaren Namen des Zahnackers eine elsässische Berühmtheit ist. Der südliche Abhang dieses Berges sieht auf Rappoltsweiler herab, das alte Besitzthum der Herren von Rappoltstein (Ribeaupierre), eines der mächtigsten Geschlechter im Elsaß, auf das mehrere Sagen hinweisen. Daß Rappoltsweiler schon in der vorrömischen Zeit bestand, läßt die Sage von der Gespensterkutsche schließen, deren unheimliches Rasseln in jeder Christnacht um die Mitternachtstunde zu hören ist. Mit vier Rappen bespannt, aber von keinem Kutscher gelenkt, fährt sie den jähen Berg hinab, auf dem Schloß Hoh-Rappoltstein liegt, und kehrt auf demselben Wege durch die Hauptstraße nach dem Schlosse zurück. Sagen von einer Gespensterkutsche existiren an verschiedenen Orten und sind durch den altheidnischen Opferwagen entstanden, den man zum Einsammeln der zu Opfern dienenden Menschen oder der ihre Stelle vertretenden Thiere gebrauchte.

Rappoltsweiler hat eine erhebliche Industrie und einen bedeutenden Handel mit den Weinen der Umgegend. Das Ansehen der Stadt ist alterthümlich pittoresk. Früher in vier Quartiere getrennt, deren jedes seine eigene Befestigung hatte, besitzt sie in dem Metzgerthurm noch eines der alten Thore, die von einem Stadttheil in den anderen führten. Er liegt nahe am Marktplatze und ist ein viereckiger Bau mit Stockwerken und mit einem gothischen Thor. Die vier Wassergießer des Dachs stellen menschliche Figuren dar: der erste einen vom Kopf bis zu dem Füßen gerüsteten Ritter, der zweite einen Knappen mit einem großen Schnurrbart und mit Eselsohren, der dritte einen Löwen mit einem Mönchskopfe, der vierte einen Schalksnarren mit einer Schellenkappe. Außer diesem alten Thurm bestehen noch manche mittelalterliche Privathäuſer, welche die Herren von Rappoltsweiler, die hier ihre Reſidenz hatten, für ihre ſtädtiſchen Vaſallen gebaut haben. Ein mit reicher Ornamentik geſchmücktes Gebäude iſt das ehemalige Zunfthaus der Spielleute. Für dieſe fröhliche Zunft wurde Rappoltsweiler zu einem Mittelpunkte, nachdem ein deutſcher Kaiſer den Herren von Rappoltſtein, als Beſchützern der Muſiker, das Recht ertheilt hatte, einen Pfeiferkönig zu ernennen. In jedem Jahre verſammelten ſich die Spielleute in Rappoltsweiler, hörten eine Meſſe, brachten dann ihrem Lehnsherrn oben im Schloß ein Morgen= ſtändchen und beriethen nun ihre Zunftangelegenheiten.*)

Nach dem Ausſterben der Herren von Rappoltſtein fiel Rappolts= weiler an die Herzöge von Zweibrücken=Birkenfeld. Der letzte derſelben, welchem die Stadt gehörte, war Maximilian Joſeph, der ſpätere König von Baiern. Er hat den reizenden, mit Linden, Eiben und Kaſtanien bepflanzten Spaziergang des Herrengartens erweitert und verſchönert. In der Stadtkirche zeigt man eine Bildſäule der Jungfrau von geſchnitztem Holz, die aus dem funfzehnten Jahrhundert ſtammt und die Geſichtszüge in tabelloſer Schönheit darſtellt. Von den vielen lohnenden Punkten der Umgegend wollen wir nur zwei nennen. Der eine iſt das Thänn= chel, ein mit Granatblöcken überſäeter Berggipfel, von dem man ein grünes Meer von Tannenwäldern überblickt und der Linie der Heiden= mauer weit mit den Augen folgen kann. Der andere Punkt iſt der Felſen von Duſenbach, auf und unter dem Ruinen von drei Kapellen liegen. Sie waren unſerer lieben Frau von Duſenbach, der Schutz= patronin der Spielleute, gewidmet und werden oft von Wallfahrern be= ſucht. An einen Wiederaufbau hat man nicht gedacht, aber auf einer Steinplatte iſt die Innſchrift zu leſen: „Dieſe Ruinen gehören dem franzöſiſchen Dominikanern". Naturfreunden läßt ſich das hinter den Kapellen beginnende Duſenbach=Thal empfehlen, in dem ein Bach zwiſchen pittoresken Felſen niederſtürzt. Erwähnen wollen wir wenigſtens, daß man bei Sigolzheim das Lügenfeld zeigt, auf dem die Söhne Lud= wigs des Frommen ſich gegen ihren Vater verſchworen haben. Daſſelbe Feld zeigt man aber auch bei Ruffach oder erklärt das Ochſenfeld auf dem Wege nach Thann für den richtigen Ort.

Von Sigolzheim führt der Weg durch eine fruchtbare Ebene nach **Kolmar.** Zur Seite der einförmigen Fläche entfalten ſich die nur eine Stunde entfernten Vogeſen in einen prachtvollen Halbkreiſe. Kolmar's Urſprung iſt unbekannt und wird von den Einwohnern auf eine Weiſe erzählt, die eine häßliche Unehrerbietigkeit gegen einen griechiſchen Halb=

---

*) Der um die Zeit dieſer Zuſammenkunft (Dienstag nach Mariä Geburt) ſtattfindende Jahrmarkt heißt noch der Pfeiffertag. (S. „Auszüge aus den Archi= ven der Stadt Biſchweiler." Biſchweiler 1869.)

gott in sich schließt. Nachdem Herkules bei Eurystheus seinen Kinder=
diebstahl ausgeführt habe, sagen sie, sei er vom Treiben der Thiere so
müde geworden, daß er in der Gegend des heutigen Kolmar der Ruhe
und eines guten Trunkes bedurft habe. Der Chronist der Stadt weiß
sogar die Sorte zu nennen, die Herkules bevorzugt habe. „Es muß
Rangensaft oder Reichenweihrer gewesen sein," sagt er. Der starke Ober=
länder bewältigte den Halbgott, so daß er einnickte und am folgenden
Morgen die Zeit verschlief. Rasch brach er auf und vergaß seine Keule,
die als heidnische Reliquie gleich so vielen christlichen zur Entstehung
eines Orts Anlaß gab und aus Dankbarkeit in das Stadtwappen aufge=
nommen wurde. Dieses ihr altes und ehrwürdiges Herkommen schützt
die Kolmarer dagegen nicht, von den Elsässern verspottet und Knöpfler
genannt zu werden. Dieser Scherzname ist auf folgende Art entstanden.
Vor Zeiten ist in Kolmar ein Bürgermeister gewesen, dem es nicht ge=
paßt hat, früher aufs Rathhaus zu gehen, als bis eine ansehnliche Zahl
von Rathsherrn anwesend sei. Da er dem Gebäude gegenüber gewohnt,
hat er sich einen geheimen Telegraphen einrichten können. Dem Raths=
weibel ist also die Pflicht auferlegt worden, von Zeit zu Zeit in die
Thür des Stadthauses zu treten und so viele Knöpfe seines Rocks anzu=
fassen, als oben Rathsherrn eingetroffen sind.

Bereits unter den ersten fränkischen Königen wird Kolmar als
Kammergut erwähnt. Karl der Dicke hielt hier einen Reichstag, der
darüber berieth, wie die Angriffe der Normannen abzuwehren seien. Für
wichtige Privilegien, welche Kolmar von dem Hohenstaufen Friedrich II.
und dessen Nachfolgern empfing, bewiesen sich die Bürger dankbar, indem
sie bei den Streitigkeiten mit der Kirche stets auf der kaiserlichen Seite
waren. In Kriegen gegen die Bischöfe von Straßburg erwarb sich der
Gerber Johann Rösselmann einen Ruhm, der nicht vergessen ist. Der
Protestantismus fand schwer Eingang und wurde, nachdem er das Ueber=
gewicht bekommen hatte, von der katholischen Partei unter dem Beistand
des Bischofs von Basel wieder unterdrückt. Deßhalb wurde den Schwe=
den, als sie im dreißigjährigen Kriege Kolmar belagert, die Einnahme
durch die protestantischen Bürger erleichtert. Die kluge Politik der Fran=
zosen, Glaubensduldung zu üben, machte das fremde Joch erträglich.
Gegenwärtig befinden sich unter den 23,000 Einwohnern etwa 4000
Protestanten.

In Kolmar sind mehrere berühmte Männer geboren worden.
oder haben dort gelebt. Die namhaftesten sind Michael Freiburger, der
die Buchdruckerkunst in Paris eingeführt hat. Franz Ertinger, der Kupfer=
stecher des siebzehnten Jahrhunderts, der Fabeldichter Pfeffel, Schuhmacher,
der hauptsächlichste Gründer der Akademie der Wissenschaften in Peters=
burg, Jean Baptiste Rewbel, der französische Revolutionsmann, General

Rapp und Admiral Bruat. Der Maler und Kupferstecher Martin Schongauer oder Schön wurde in Schwaben geboren, verbrachte aber den größten Theil seines Lebens in Kolmar und starb dort im letzten Jahrzehnt des fünfzehnten Jahrhunderts. Das Museum Kolmar's besitzt zwei Altarflügel von ihm (der englische Gruß und Anbetung des Jesusknabens durch Maria und den heiligen Antonius), die unzweifelhaft echt sind. Wahrscheinlich rühren noch zwei andere Bilder dieses Museums, eine Kreuzabnahme und eine Grablegung, von seiner Hand her. Andere Bilder dagegen, die man in Kolmar als seine Werke nennt — eine Pieta und eine Reihenfolge von Darstellungen aus der Leidensgeschichte Christi, sind Arbeiten von Schülern oder Nachahmern des Meisters.

Jenes Museum befindet sich nebst der Bibliothek in dem frühern Nonnenkloster Unterlinden. Die frommen Schwestern dieses Hauses, welches der Regel des heiligen Dominicus folgt, nehmen in der Geschichte des deutschen Mysticismus nicht die letzte Stelle ein. Von ihrer Klosterkirche hat sich blos der Chor erhalten, der im reinsten gothischen Styl und mit eleganter Einfachheit ausgeführt ist und durch seine glücklichen Größenverhältnisse und die bewunderungswürdige Zartheit seiner Details den Blick fesselt. Der interessanteste Theil des Klosters ist der Kreuzgang, der einzige elsässische des dreizehnten Jahrhunderts, der im Zustand schönster Erhaltung auf uns gekommen ist. Er besteht aus Bogengängen, in denen jetzt die Bildhauerwerke des Museums untergebracht sind. Die großen Linien des Baues sind rein und edel ausgeführt, die Details, besonders die eleganten und schlanken Säulen, machen den Eindruck der Feinheit und Leichtigkeit. Dem Eingang gegenüber liegt das alte Rathhaus, das man neuerdings restaurirt hat. Das Münster wurde von Wilhelm von Marburg gebaut. Von den beiden projektirten Thürmen gelangte nur einer zur Ausführung. Fremde ersteigen die dreihundert und drei zur Spitze führenden Stufen wegen der weiten Aussicht, welche sie oben haben. Die Merkwürdigkeit des Münsters ist ein Seitenportal mit grotesken Figuren, die durch die Mannichfaltigkeit ihrer Haltung und ihres Ausdrucks auffallen. Die Fenster des Doms enthalten die alten Glasmalereien der Dominikanerkirche, die von den Kornhändlern der Stadt als Schüttboden benutzt wird.

Vier seiner berühmten Angehörigen, Martin Schongauer, Pfeffel, Rapp und Bruat, hat Kolmar durch Denkmäler geehrt. Pfeffel's Bildsäule ist von Friedrich, die drei andern hat Bartholdi geliefert. Sich selbst hat die Stadt vernachlässigt und den engen und unregelmäßigen Straßen nicht einmal gute Fußwege gegeben. Den Handel erleichtert ein Nebenzweig des Rhein-Rhone-Kanals, der im November 1864 dem Verkehr übergeben worden ist. Der wesentliche Charakter Kolmar's ist der einer Ackerbaustadt. Die meisten Gewerbe werden im nahen Dorfe

Vogelbach betrieben und während man in allen anderen Städten die Arbeiter morgens vom Lande hereinströmen sieht, findet hier umgekehrt eine Wan= derung aus der Stadt nach dem Lande statt. Der größte Industrielle von Logelbach, Hertzog, hat eine Anzahl von Arbeiterhäusern und eine Kapelle mit gemalten Fenstern im gothischen Styl des dreizehnten Jahr= hunderts bauen lassen.

Kolmar liegt nahe an den Vogesen, deren erste Höhen kaum eine Stunde entfernt sind und die in dieser Gegend einige ihrer schönsten oder in anderen Beziehungen interessantesten Punkte besitzen. Die Stadt wird daher häufig als Ausgangspunkt zu Ausflügen in verschiedenen Richtungen, nach Kaisersberg und Orbey, zum Weißen und Schwarzen See, zu dem Kloster Drei=Aehren, nach Türkheim und ins Münsterthal benutzt. Auf dem Wege nach Kaisersberg liegt Burg Windeck, von der jetzt nur noch ein viereckiger Thurm steht, dessen Thür hoch über dem Boden liegt. Es war eine der letzten Zufluchtsorte, die bei Burgen nicht selten vorkommen, bestimmt zur Aufnahme der Be= satzung, wenn der Feind die Mauern erstiegen hatte. An die Thür oben wurde eine Leiter angelegt und nachgezogen, wenn der letzte Mann sich gerettet hatte.

Bis Kaisersberg ist Ammerschweiher der einzige bedeutendere Ort. Das von etwa zweitausend Menschen bewohnte Städtchen, jetzt wegen der Orgelbauer Renkenbach erwähnenswerth, wird bereits im siebenten Jahrhundert genannt und besitzt Reste alter Befestigungen, zu denen der Schelmenthurm gehört. Kaisersberg nimmt die Stelle eines römischen Lagers ein, welches die Bestimmung hatte, den sehr gangbaren und sehr besuchten Vogesenpaß zu vertheidigen, der von Kolmar nach St. Dié führt. Unter den Hohenstaufen fand dieser Paß so viele Beachtung, daß man Kaisersberg befestigte und einen Reichsvoigt dahin setzte. Er hatte den Blutbann und schlug zur Bekräftigung dieses Rechts den ersten Nagel ein, so oft ein neuer Galgen gebaut wurde. Die Streitigkeiten, welche die Reformation hervorrief, nahmen hier den bittersten Charakter an. Im Jahre 1815 entdeckten Arbeiter, die man zum Bau einer gegen die Verbündeten bestimmten Schanze verwendete, beim Graben ein Ge= ripp, dessen Halswirbel durchgehauen waren. Es waren die Ueberreste Samson Hillner's, eines Geistlichen, der sich in einer Predigt für Luther ausgesprochen hatte und deßhalb auf das Rathhaus gefordert, nach einem kurzen Verhör hingerichtet und an einer einsamen Stelle heimlich begra= ben worden war.

Freiland, ein Dorf auf dem Wege nach Orbey, wurde von Koh= lenbrennern erbaut, denen man Freiheit von allen Zehnten, Frohnden und Abgaben bewilligte, weil sie die Bergwerke von Markirch mit Kohlen versorgten. Orbey, eine blühende Fabrikstadt mit mehr als fünftausend

Einwohnern, ist einer der wenigen französisch redenden Orte, welche diesseits der Natur= und Sprachgrenze des Elsasses liegen. In der Mitte der Stadt drängen sich die Häuser zusammen, gegen den Umkreis hin liegen sie einzeln und jedes ist von einem kleinen Gemüsegarten, einem Streifen Kartoffelfeld und von einem Stückchen Weide umgeben. Unter den Er= zeugnissen Orbey's treten zwei Schweizer Artikel, Käse und Kirschwasser stark hervor, und in der That beginnt hier eine Alpenwirthschaft, mit der der Gebirgscharakter, den die Vogesen annehmen, im Einklang steht. Die Berge sind mit gewürzigen Weidekräutern übersäet und zahl= reich sind die Sennhütten, in denen man treffliche Käse bereitet und weit= hin verschickt. Die Hirten bleiben mit ihrem Vieh vom ersten Mai jedes Jahres bis zum letzten Septembertage oben, wo sie dann wieder in's Thal hinabziehen und ihre Heerden überwintern. „Jedoch stehen während dieser Zeit die Sennhütten nicht verlassen, denn die rüstigen Zwerge, welche im Kerbholz (einem hohen Berg) hausen, kommen dann hervor, vertheilen sich in dieselben, füllen die Ställe mit stattlichen Kühen und bereiten noch viel schmackhaftere Käse, als die besten Senner es zu thun vermöchten. Oft steigen sie dann Nachts über den krachenden Schnee in's Thal hinab und suchen die Armen in den Hütten auf, welchen sie unbemerkt frische Butter und treffliche Käsbrote auf den Tisch legen." (Stöber, Sagen des Elsasses.)

In dieser Gebirgswelt liegen drei Seen, der Schwarze, Weiße und Grüne See genannt. Man glaubt in ihnen Reste eines alten Gletschers zu erkennen und noch Spuren von Moränen zu finden, wie sie an den Grenzen der Eisberge der Alpen auftreten. Der Schwarze See verdankt seinen Namen dem düstern Wiederschein der Tannen in seinem stillen Wasser. Jetzt ist der Wald freilich verschwunden und wird durch Gräser und Moose ersetzt, die zwischen den hohen Felsmassen der Ufer Platz finden. Man braucht etwa eine halbe Stunde, um diesen See, der noch immer einen düstern Charakter hat, zu umgehen. Der Weiße See hat seinen Namen von der weißlichen Farbe seines Wassers, die durch den Quarzsand entsteht, der den Grund bildet. Fast von allen Seiten schließen nackte Felsen ihn ein. An seinem Ufer liegt ein Gast= hof, der aber nur im Sommer geöffnet ist. Der Grüne See ist, wie sein Name andeutet, von schönen Wäldern umgeben und macht einen freundlichen Eindruck. Gleich wie am Schwarzen See hat man auf der Seite, wo das Wasser ausfließt, einen Damm gebaut, welcher den Abfluß je nach den Bedürfnissen der Industrie regeln soll.

Zu den Punkten, die von Kolmar besucht zu werden pflegen, gehö= ren ferner Türkheim und das Kloster Drei=Aehren. Türkheim, bei dem Turenne den Kaiserlichen eine Schlacht geliefert hat, handelt mit dem besten elsässischen Wein. Man hat ihm den Namen des

elſäſſiſchen Tokayers gegeben und auf der letzten Londoner Weltausſtellung
mit einem Preiſe bedacht. Von Türkheim erreicht man in einer Stunde
das Kloſter Drei=Aehren, das in ſeiner Architektur nichts Be=
merkenswerthes bietet und nur ſeiner reinen Luft, ſeiner pittoresken Lage
auf einem Bergvorſprunge und ſeiner prächtigen Ausſicht auf das Rhein=
thal und die Vogeſen einen zahlreichen Beſuch verdankt. Die Sage hat
zwei Erklärungen des Namens. Nach der einen ſtahl ein frecher Ge=
ſelle aus der Kirche des nächſten Dorfes eine ſilberne Monſtranz und
warf ſie in ein Aehrenfeld. Sie blieb an drei dicht neben einander
ſtehenden Halmen hängen und alsbald flog ein wilder Bienenſchwarm
herbei und umgab die Halmen, als wolle er dieſelben ſchützen und dem
Leibe des Herrn Ehre erweiſen. Vorübergehende ſahen das Wunder und
bald entſtand auf der heiligen Stätte ein Kloſter mit einer Wallfahrts=
kirche. Nach der zweiten Ueberlieferung hörte ein Bauer, der mit Ge=
treide nach Kolmar fuhr, aus dem Wald eine Stimme tönen, die ihm
zurief, er ſolle auf einem nahe gelegenen Berge eine Kirche erbauen laſſen.
Unbekümmert fuhr er weiter, aber als er in Kolmar ſein Getreide ver=
kauft hatte und es abladen wollte, waren die Säcke zu ſchwer, und je
mehr helfende Arme er herbeirief, um ſo unbeweglicher wurde die Laſt.
Da gedachte er der Stimme und gelobte den Bau einer Kirche. So=
gleich bekamen die Säcke wieder ihr natürliches Gewicht und er hielt Wort
und lebte noch lange in großem Reichthum und erbaulicher Frömmigkeit.

Der Ausflug nach Münſter wird durch eine Zweigbahn ſehr
erleichtert. Am Eingang des prächtigen Münſterthales erhebt ſich die
Ruine Hohlandsperg. Wie bei vielen ſchönen Ruinen des Elſaſſes,
exiſtirt auch bei dieſer kein guter Weg und man muß ſich durch Gebüſch
und durch Geſträuch Bahn machen. Durch das Hauptthor, das im Sü=
den liegt, kann man nicht eintreten, denn die Zugbrücke iſt verſchwunden
und man ſieht die alte Thoröffnung jenſeits eines ſehr tiefen Grabens.
Umgeht man, über Steine kletternd die Burg, ſo gelangt man auf der
entgegengeſetzten Seite zu einem Pförtchen, das auf den Hof führt. Wie
der Umfang der Ruine zeigt, konnte ſie eine zahlreiche Beſatzung auf=
nehmen und wurde auch bis 1635 als feſter Platz behandelt. Ihr Ver=
fall datirt von 1814, in welchem Jahre ſie das Eigenthum der Stadt
Kolmar wurde. Vorher hatte ſie den Nachkommen des tapfern kaiſer=
lichen Generals Lazarus von Schwendi gehört. Die Ornamentik einer
Thür und mehrere reizende Thürmchen geben von dem Geſchmack ihrer
Erbauer den beſten Begriff.

Weithin ſichtbar iſt der Thurm der Nixburg, der auf ſeinem
Kegelberge allen Verwüſtungen der Zeit getrotzt hat. Pfeffel hat die
Sage, die an ihm haftet, zu einer Ballade benutzt. Eine verwünſchte
Prinzeſſin, welche dieſe Burg bewohnte, war oben Frau und unten Drache.

Ein beherzter Ritter konnte sie durch einen Kuß erlösen und es fand sich einer, der das Abenteuer bestand. Die Wirkung war eine augenblickliche, aber nicht von Kopf bis zu Füßen schöne Frau, sondern ganz und gar Drache wurde die Verwünschte.

Die Stadt **Münster** liegt in einer Gegend, die man wohl als kleine Schweiz bezeichnet hat. Im Münster Thale und in seinen Seitenthälern rauschen Bäche, an den Hängen baut man Wein, weiter oben ziehen sich Wiesen mit weidenden Rindern entlang und die Gipfel sind schön bewaldet. An vielen Stellen springen schroffe Felsen hervor, an deren Fuß Alpenpflanzen blühen und mit Burgruinen wechseln moderne Schlösser von Fabrikherrn. Bald ist die Landschaft lieblich und lachend, bald großartig und wild.

Unter dem Schutze Childerichs II., Königs von Austrasien, entstand die Abtei Münster und zog durch ihren Schutz viele Menschen herbei. Mit besondern Privilegien bedacht, bildeten sich zehn Dörfer, deren öffentliche Ländereien gemeinschaftliches Eigenthum waren, das nach patriarchalischen Regeln verwaltet wurde. Auch das Bürgerrecht war in allen zehn Ortschaften ein gemeinschaftliches und die herrschende Freiheit gewährte eine Art von völliger Unabhängigkeit. Die Reformation fand unter den einfachen Menschen eine begeisterte Aufnahme und bestärkte sie in ihren reinen Sitten. Der gemeinschaftliche Gemeindebesitz hat 1843 durch einen Spruch des Gerichts zu Kolmar, der die Theilung vorschrieb, sein Ende erreicht, die Sitten haben sich in den bessern Familien erhalten. Ein Gebet eröffnet jede Mahlzeit und die Familie nimmt mit den Dienstboten an demselben Tisch Platz. Rindfleisch kommt selten auf den Tisch, Hammelfleisch ist fast unbekannt. Die Hauptnahrung besteht in dem Brote, das in jedem Hause selbst gebacken wird, in dem Fleische der selbstgezogenen Schweine und in den Erzeugnissen der Milchwirthschaft. In der größten der zehn Gemeinden giebt es weder einen Bäcker noch einen Fleischer. Manches hat sich zum Schlimmern geändert, seit Andreas Hartmann die Baumwollen-Industrie im Großen eingeführt hat.

Die Fechta, der Fluß des Münsterthales, empfängt das Wasser des Sulzbaches, an dem das Dorf gleichen Namens liegt. Sein Reichthum ist ein Mineralwasser, welches ein Hirt dadurch entdeckt haben soll, daß er einer Kuh nachging, die immer an einer bestimmten Stelle ihren Durst löschte. Das Wasser, ist unserm Selters ähnlich, hat aber einen eisenhaltigen Niederschlag. Der Besuch des Bades, welches in neuester Zeit eine bedeckte Trinkhalle und andere Verschönerungen bekommen hat, scheint abgenommen zu haben, wenigstens ist der einzige Gasthof des Orts geschlossen worden und die Badegäste müssen in Privatwohnungen ihr Unterkommen suchen. Die Umgebung bietet schöne Spaziergänge in Tannenwäldern und zu den Ruinen der Wasserburg.

Egisheim ist wieder eine Station der Eisenbahn, von der lohnende Ausflüge gemacht werden können. Eine starke halbe Stunde entfernt sind drei Thürme, die einst den Herren von Egisheim gehörten und im 15. Jahrhundert unter den sonderbarsten Umständen zu Ruinen wurden. Ein Müllerbursche von Mühlhausen, Hermann Klee, diente einem Müller der Stadt. Sein Herr jagte ihn aus dem Dienste und verweigerte ihm die Zahlung der sechs Heller, die der Müllerbursche als rückständigen Lohn zu fordern hatte. Dieser beklagte sich bei mehreren Patriziern von Mühl= hausen, welche die Bürgerschaft eben aus dem Rath verjagt hatte. Einer derselben, Peter von Egisheim, dem Besitzer des Schlosses mit den drei Thürmen, sah hier eine gute Gelegenheit zur Rache, nahm sich des Müllerburschen an warf mehrere Bürger von Mühlhausen auf der Straße nieder und wollte sie nur gegen ein großes Lösegeld frei geben. Da die Verhandlungen zu keinem Ziel führten, so rüstete die Stadt und zog gegen den Ritter und dessen Verbündete, zu Felde. Der heftige Kampf, der wegen des Müllerburschen entbrannte, wird der Sechsheller=Krieg ge= nannt. Die Ritter mußten zuletzt in die Burg flüchten, deren Befehl Hermann Klee übernommen hatte. Am Frohnleichnamstage von 1466 wurde die Burg erstürmt und der Müllerbursche nebst drei Rittern ge= hängt. Die Gebäude übergab man den Flammen, und nur die drei Thürme allein entgingen der Verwüstung. Sie hatten beim Volke einen übeln Ruf, der sich noch vermehrte, als im folgenden Jahrhundert eine Hexe auf der Folter bekannte, daß bei diesen Thürmen ihre Schwestern Versammlungen hielten und daß auf einen derselben ihre Tochter mit dem Teufel getraut worden sei. Die heutigen Bauern wissen von den Thürmen einen praktischen Nutzen zu ziehen. Diese stehen nämlich nicht in gleicher Linie und da der Sonnenschein auf jeden anders auffällt, so berechnen die Leute bei ihren Feldarbeiten die Tageszeit nach dem Schatten der Thürme.

Von den drei Thürmen kann man an den unscheinbaren Ruinen der alten Abtei Marbach vorbei gleich zur nächsten Eisenbahnstation Herrlisheim gehen. Hier steigen die Pilger aus, welche nach der Kirche Schauenberg wallfahrten. Das Wunder, das von jedem Ort katholischer Heiligenverehrung erzählt wird, ist hier ein blendend heller Schein, der einen Berg umfloß und einen frommen Klausner zum Bau einer Kapelle veranlaßte, die dem heiligen Udalrich geweiht wurde. Welt= lich Gesinnte werden durch einen unvergleichlichen Baumgang von süßen Kastanien, der sich den Hang hinaufzieht, für einen Besuch der an sich unbedeutenden Kirche entschädigt.

Altgeschichtlichen Boden betreten wir bei **Rufsach,** einem der Kam= mergüter der austrasischen Könige. Im Jahre 1105 wurden die Frauen der Stadt, mit Herzogs elsäsischer Chronik zu reden: „vor Zorn eitel

3*

Mann." Kaiser Heinrich V. befand sich im Schloſſe, aber der Schloß=
voigt ließ ſich dadurch nicht abhalten, am Oſtertage ein junges Mädchen,
das zur Kirche ging, gewaltſam zur Burg zu entführen. Vergebens be=
ſchwor die Mutter die Bürger, ihre Tochter zu retten. Von ihnen zurück=
gewieſen, verſammelte ſie alle Mütter um ſich und entzündete ſie durch
ihre Reden ſo, daß ſie ſich bewaffneten, die Burg erſtürmten, das Mädchen
befreiten und die Beſatzung mit Hülfe ihrer Männer, die inzwiſchen Muth
gefaßt hatten, erſchlugen oder vertrieben. Der Kaiser ſelbſt mußte mit
Hinterlaſſung von Krone, Scepter und Mantel ſchleunigſt entfliehen.
Von dieſer Zeit an hatten die Ruffacher Frauen bei allen öffentlichen
Feſten und Aufzügen den Vortritt vor den Männern. In einer Bezie=
hung iſt ihnen derſelbe geblieben: Die Frauen ſitzen in der Kirche rechts,
die Männer links vom Altar.

Gegen Krieger feig, waren die Ruffacher gegen Wehrloſe um ſo
tapferer. Blutgierig nahmen ſie an den Judenverfolgungen des Mittel=
alters Theil und verbrannten die Israeliten auf einem Anger neben der
Stadt, der ſeinen Namen des Judenfeldes behalten hat, zu Hunderten.
Streng gegen die Diebe, hielten ſie immer auf einen Galgen von gutem
Eichenholz. Als ein benachbarter Ort einmal bat, einen Dieb an dieſen
muſtergültigen Galgen knüpfen zu dürfen, antwortete der Bürgermeiſter
von Ruffach entrüſtet: „Unſeren Galgen haben wir nur für uns und
unſere Kinder gebaut."

Bei Ruffach liegt das Bad Sulzmatt, deſſen Waſſer von faſt gleicher
Beſchaffenheit wie das von Sulzbach iſt und einen angenehmen Geſchmack
hat. Im Sommer werden täglich zwölfhundert Flaſchen nach Paris ge=
ſchickt. Sulzmatt hat ſich auch auf die Molkenkur und Traubenkur ein=
gerichtet und für bequeme Fußwege durch die reizende Gegend geſorgt.
Der Heidenberg, das Schäfferthal und der Bollenberg liegen
am nächſten. Im Schäfferthal liegt der Langenſtein, offenbar einer
der Steinpfeiler, die unter verſchiedenen Namen (Menhir, Bautaſtein)
Monumente älteſter Gottesverehrung ſind. Der Bollenſtein trägt auf
ſeinem dürftigen Raſen eine Menge von Felsblöcken, die in roher Sym=
metrie Steinkreiſe bilden. Hier war eine alte Opferſtätte, die ſich im
Volksglauben zu einem Tanzplatz der Hexen verwandelte. Die ganze
Gegend betrachten die Bauern mit einer Art Scheu und erzählen vom
Langenſtein, daß er ſich in gewiſſen Nächten aufrichte und um ſich ſelbſt
drehe, während die Feen um ihn in der Runde tanzten.

Die Frauen von Ruffach haben in Bridt (Brigitta) Schikhin von
Gebweiler eine ebenbürtige Genoſſin. Im Jahre 1445 zogen die Armen
Gecken (Armagnacs) gegen die Stadt und erſtiegen in der Nacht nach
dem Valentinstage (15. Februar) die Mauern. Die Wächter hörten
nichts, da ſie ſich in der Badſtube wärmten, aber ein wackeres Weib,

Brigitta Schikhin, erwachte, raffte schnell einige Bund Stroh zusammen, zündete sie an und warf sie unter großem Geschrei über die Mauern hinaus in den Stadtgraben, wodurch ein solcher Schrecken unter den Feind kam, daß er die Flucht ergriff. Gegen eine andere Gefahr ist Gebweiler durch seine festen Wälle geschützt worden. Im Jahre 1740 brachen die Dämme des Belchen-Sees und das Wasser stürzte mit ungeheurer Gewalt zu Thal. Zum Glück hielten die Mauern von Gebweiler, aber eine Ziegelscheune vor der Stadt und die Brücken der Lauch wurden fortgerissen.

Gebweiler ist eine bedeutende Fabrikstadt mit 12,000 Einwohnern und macht den Eindruck heiterer Behäbigkeit. Seine Weine, namentlich der Kitterle, zählen zu den besten des Elsasses. Die alte Stadtkirche wurde in der Zeit des Ueberganges vom romanischen zum gothischen Styl gebaut, ist aber in ihren Haupttheilen romanisch. Sie hat drei Thürme und ein sehr breites und hohes Mittelschiff. Die Dominikanerkirche ist ein gothischer Bau, der am 11. November 1312 begonnen wurde. Die Mauern der Stadt haben die Aebte von Murbach gebaut, von denen auch die vier Burgen der Umgegend herrühren. Diese Aebte waren deutsche Reichsfürsten und ihre Domherrn mußten sechszehn Ahnen nachweisen. Zu Anfang des achten Jahrhunderts gegründet, gelangte die Abtei durch Schenkungen, welche sie für ihre Zerstörung durch die Ungarn entschädigen sollten, zu seltenem Reichthum. Im letzten Viertel des siebzehnten Jahrhunderts wurde sie säcularisirt und die Aebte zogen nun nach Gebweiler, wo sie die Neue Kirche, für sich selbst ein Schloß und für ihre Domherrn ansehnliche Häuser bauten. Als die Nachricht von der Erstürmung der Bastille eintraf, zogen die umwohnenden Bauern, durch die ihnen auferlegten Frohnden und Zehnten längst erbittert, nach Gebweiler und zerstörten das Schloß des Abtes und die Häuser der Domherrn. Nichts wurde gerettet, als die Archive, die man im Dunkel der Nacht nach Kolmar schaffte.

Der Sulzer Belchen, von den Franzosen Ballon de Guebwiller genannt, hat 4408 Fuß Erhebung über dem Meer und ist der höchste aller Vogesengipfel. Ein Fahrweg, allerdings kein gut gehaltener, führt von Murbach zum Gipfel. Man durchschreitet zunächst Hochwälder, in denen eine imposante Einsamkeit und Stille herrscht. Nach anderthalbstündigem Steigen erreicht man das Gebiet der Weiden und befindet sich nun dreitausend Fuß über dem Meere. Die Bäume verschwinden, und man sieht nichts mehr als niedriges Gebüsch, Heidelbeersträucher, Heidekräuter und Gräser, zwischen denen Felsen sich erheben und Stiefmütterchen der Vogesen, Arnika-Pflanzen und gelbe Enzian blühen. Bald steht man am Belchen-See, dessen steile Ufer sich mehr als 600 Fuß über den Spiegel erheben. Der sehr fischreiche See hat einen Umfang von fünfund-

siebzig Hektaren und eine Tiefe von ziemlich hundert Fuß. Nach dem
Bruch des Dammes ließ man dem Wasser seinen natürlichen Abfluß
durch den Seebach, der in die Lauch fällt. Erst in der letzten Zeit ist
man wieder an die Errichtung von Werken gegangen, welche die Be=
stimmung haben, in Zeiten großer Trockenheit die Lauch mit dem Wasser
des Sees zu speisen.

Der Belchen und sein See sind von der Sage nicht unbeachtet ge=
blieben. Auf den Berg sind alle Feldmesser gebannt, welche bei Leb=
zeiten die Leute um ihr Land betrogen haben. Sie müssen den Berg
immerfort ausmessen und führen gern Fremde irre, um sie in einem
Sumpf oder an einer sonst gefährlichen Stelle zu verlassen. Im Belchen=
See leben seltsame und unheimliche Fische, unter andern eine große moos=
bedeckte Forelle, der ein Tannenbäumchen aus dem Rücken wächst. In
alten Zeiten hat man Hühner mit vier Füßen und einmal sogar einen
Drachen aus dem Wasser steigen sehen.

Bis zum Belchenkopf hat man noch eine halbe Stunde zu klettern.
Die herrliche Aussicht umfaßt den Schwarzwald in seiner ganzen Länge,
das Rheinthal mit Kolmar, Mühlhausen und Basel, die Kette der Voge=
sen, in der Ferne die Linien des Jura und der Alpen, in der Nähe aber
Theile von Lothringen und das Amarinenthal. Ueber den etwas niedrigern
Storkenkopf führt der Weg abwärts zum Mordfelde, so genannt,
weil hier sieben Mönche von Murbach durch die Ungarn erschlagen wor=
den sind, zum Seebach=Falle und zu dem Felsen, der die kaum noch er=
kennbaren Trümmer der Höferburg trägt. Man folgt immer der Lauch
und hat an ihr den sichersten Führer nach Lautenbach, einem sehr
gewerbfleißigen Städtchen mit einem Kloster aus dem zwölften Jahrhundert,
dessen Kirche einen interessanten Porticus, schöne gemalte Glasfenster und
eine Kanzel mit meisterhaften Bildnereien aus dem siebzehnten Jahr=
hundert besitzt. Die Sculpturen stellen den Sieg des heiligen Michael
über den Teufel und den Guten Hirten dar, begleitet von den vier
Evangelisten.

Ehe wir die Gegend von Kolmar verlassen, müssen wir noch eines
Ausflugs gedenken, der nicht anderthalb Stunden in Anspruch nimmt.
Das Ziel ist Neu=Breisach, die neuerdings von unsern Truppen be=
schossene Rheinfestung. Die Stadt hat nicht ganz 2000 Einwohner, liegt
am Rhein=Rhone=Kanal und steht mit der Ill durch einen kleinern Kanal
in Verbindung, den Vauban angelegt hat, um den Transport des Bau=
materials für die Festung zu erleichtern. Als Ludwig XIV. Alt=Breisach
hatte abtreten müssen, ließ er Neu=Breisach 1699 zur Vertheidigung des
linken Rheinufers bauen. Vauban befolgte auch bei diesem Platze den
Plan, den er ziemlich bei allen kleinern Festungen anwendete, und so ist
Neu=Breisach zu einem regelmäßigen Achteck geworden und hat vier Thore

erhalten. Die nach der Schnur gezogenen Straßen münden sämmtlich auf einen großen Platz, der die Mitte der Stadt einnimmt und mit drei Baumreihen bepflanzt ist. In einer der Ecken dieses Platzes liegt die im Zopfstyl gebaute und folglich uninteressante Kirche. Ein geräumiges Arsenal und Kasernen sind die Hauptgebäude. Vor dem Straßburger Thor zweigt sich von der nach Basel führenden Straße ein Seitenweg ab, auf dem man in einer Viertelstunde zum Fort Mortier gelangt. Dieser ehemalige Brückenkopf von Alt=Breisach ist erweitert worden und dient gegenwärtig zur Unterstützung von Neu=Breisach. Jenseits des Forts läuft die Straße am linken Rheinufer bis zu einer stehenden Brücke, die nach Alt=Breisach im Großherzogthum Baden hinüberführt.

Auf der Straßburg=Baseler Eisenbahn treffen wir bis Mühlhausen keinen wichtigen Ort mehr, wohl aber zwei schöne Forsten, den Nieder=wald und den Nonnenbruch. **Mühlhausen** zählt gegenwärtig über 58,000 Einwohner, unter denen etwa 15,000 Protestanten sind. Be=wässert wird die Stadt von der Jll und vom Rhein=Rhone=Kanal, der in gleicher Linie mit der Eisenbahn an dem ganzen südlichen Theil von Mühlhausen hinläuft und sich zu einem prächtigen Hafen mit bequemen Abladestellen erweitert. Vom Bahnhof gelangt man am Hafen vorbei in die Neustadt, die aus schönen modernen Gebäuden und geraden Straßen besteht. Sie ist in diesem Jahrhundert entstanden und hat die Form eines großen Dreiecks, dessen Spitze an die Baseler Thorstraße, die Haupt=straße der Altstadt grenzt. Die Basis des Dreiecks ist der Börsenplatz, der nach dem Muster der Rivolistraße in Paris gebaut ist und auf drei Seiten von Häusern mit Bogengängen eingefaßt wird. An diesem Platz liegt das merkwürdige Gebäude des Gewerbvereins. Ein Straßengarten, der die Mitte des Platzes einnimmt, ist nicht wohl gerathen. Weit schöner sind die Gärten, welche die palastähnlichen Gebäude der Altkirchstraße umgeben. Die Baseler Thorstraße, durch die man in die Altstadt ein=tritt, ist unregelmäßig und ihre anfängliche Breite nimmt immermehr ab. Rechts und links von ihr zweigt sich ein Netz enger und gewundener Straßen ab, die zum gewerblichen Theil der Stadt gehören. Als Fabrik=stadt ist Mühlhausen ungemein wichtig, aber in anderer Beziehung ver=mag sie so wenig zu bieten, daß der Fremde in wenigen Stunden mit ihr fertig wird.

Erwähnt wird Mühlhausen zum ersten Male in einer Urkunde von 717, in der es als ein Dorf figurirt, welches dem Stephanskloster in Straßburg geschenkt wird. Im 11. Jahrhunderte war es bereits ein Ort von einer gewissen Bedeutung und stand unter einem kaiserlichen Land=vogt. Wieder zwei Jahrhunderte später hatte die Stadt ihre eigene Ver=fassung, war befestigt, diente einem zahlreichen Adel zum Aufenthalt und besaß mehrere Klöster. Es blieb damals noch streitig ob Mühlhausen

nicht als bischöfliche Stadt der Gerichtsbarkeit des Bischofs von Straß=
burg unterstehe, aber Rudolph von Habsburg erklärte es für eine Reichs=
stadt. Es lehnte sich nun mehr an die Schweizer, als an die übrigen
Reichsstädte im Elsaß und erhielt sich seine Unabhängigkeit bis 1798.
Seitdem gehörte es zu Frankreich.

Der Grund zu der gewerblichen Thätigkeit Mühlhausens wurde 1746
gelegt. Fast ganz Europa war damals auf die ostindischen Baumwollen=
gewebe angewiesen, als drei Bürger dieser Stadt, Samuel Köchlin, Johann
Jakob Schmaltzer und Johann Heinrich Dollfuß, deren Nachkommen noch
heute an der Spitze der Mühlhausener Gewerbthätigkeit stehen, gedruckte
Kattune zu fertigen anfingen. Heute liefert Mühlhausen gedruckte Kat=
tunleinwand, welche die schönste Frankreichs ist, gedruckte Seiden,= Baum=
wollen= und Wollenzeuge und hat großartige Druckereien, Färbereien und
Bleichen. Außerdem werden noch eine Menge anderer Waaren hergestellt,
namentlich Metallwaaren und Lederarbeiten aller Art. Auch der Handel
ist von großer Bedeutung.

Die Ueberlegenheit Mühlhausens in den meisten der Gewerbe, die
es betreibt, erklärt sich durch die ungewöhnliche Sorgfalt, die dem Unter=
richt jeder Art gewidmet worden ist. Außer den gewöhnlichen Volksschulen
und einem Gymnasium, einer Gewerbschule und einer Handelsschule be=
stehen noch Unterrichtsanstalten, die sich mit der Ausbildung ihrer Zög=
linge für bestimmte Gewerbe beschäftigen und eine höhere Schule für
Wissenschaften und Literatur, die man für eine gewerbliche Hochschule
erklären kann. Der Gewerbverein hat eine Zeichnen= und eine Maler=
schule gegründet, die beide ebenfalls auf den Mühlhausener Gewerbebe=
trieb berechnet sind. Er besitzt eine ausgezeichnete Bibliothek und ein
Gewerbemuseum, in dem man Proben älterer und neuer Artikel des
Elsasses findet.

Unter den berühmten Männern Mühlhausens nehmen die beiden
S t ö b e r mit die erste Stelle ein. Schon ihr Vater Daniel Ehrenfried hat
sich um die Erhaltung der deutschen Sitte und Sprache in Elsaß ver=
dient gemacht. Er war ein geborener Straßburger und lebte, nachdem
er in Erlangen die Rechtswissenschaft studirt hatte, als Anwalt in seiner
Vaterstadt, wo er am 28. December 1835 starb. Unsere Literatnr besitzt
von ihm ein „Leben Oberlins“, Gedichte, die drei Auflagen erlebt haben,
und eine Sammlung prosaischer Schriften in vier Bänden. Seine beiden
Söhne sind in Straßburg geboren, August am 9. Juli 1808, Adolph
am 7. Juli 1810. Beide leben in Mühlhausen, August als Professor
am Gymnasium, Adolph als Pfarrer. August Stöber hat in Gemein=
schaft mit seinem Bruder Adolph „Alsabilder“ herausgegeben, die das
poetische Interesse der Sage voranstellen. Die Werke der Brüder Grimm
weihten ihn in die tiefere Bedeutung der Sage ein und er machte

nun zehnjährige Forschungen, bei denen er nicht blos die Archive und Büchersammlungen berücksichtigte, sondern durch Thäler und über Berge wanderte und überall aus dem Volksmunde sammelte, was sich an Ueber= lieferungen und Liedern erhalten hatte. Die schöne Frucht seiner Thätig= keit sind das „Elsässische Volksbüchlein" und die von uns mehrmals er= wähnten und noch häufiger benutzten „Sagen des Elsasses" von denen 1858 eine zweite Auflage erschienen ist. Keine deutsche Landschaft besitzt ein schöneres Sagenbuch als dieses, welchem eine mit großer Genauigkeit bearbeitete Sagenkarte beigegeben ist. Wir erfüllen nur eine vaterlän= dische Pflicht, wenn wir die Namen der Männer nennen, welche ihm bei dieser Sagensammlung behülflich gewesen sind. Außer seinem Bruder Adolph sind es Ludwig Schneegans und Gustav Mühl in Straßburg, Huget und Ehrmann in Kolmar, Ohleyer in Zabern, Keßler in Barr, Georg Zetter in Mühlhausen und Ringel in Ilzach.

Das einzige alte Gebäude Mühlhausens von einiger Bedeutung ist das Rathhaus. Es wurde 1551 gebaut, nachdem das um ein Jahr= hundert ältere Rathhaus durch einen Brand zerstört worden war. Eine doppelte bedeckte Treppe, die von außen in das erste Stock führt, verleiht ihm ein pittoreskes Ansehen. Der große Sitzungssaal hat gemalte Fenster und ist mit den Wappen der Bürgermeister der Stadt geschmückt. Von den alten Befestigungen haben sich zwei Thürme erhalten. Die christlichen Kirchen werden von der Synagoge übertroffen, die für eine der schönsten in Frankreich gilt.

Zwischen Mühlhausen und Dornach erstreckt sich eine große Ebene, durch die der Rhein=Rhone=Kanal fließt. Nachdem man in der Stadt bereits Bäder und Waschanstalten für Arbeiter errichtet hatte, begann man 1853 auf dieser Ebene eine Arbeiterstadt zu bauen. Sie läuft am Kanal hin und hat den Vorzug, den Arbeitern in der Nähe ihrer Fabriken die gesundeste Luft zu gewähren. Die schnurgeraden Straßen münden alle auf einen großen Platz, der seinen Namen Napoleonsplatz jetzt wohl ändern wird. Hier erheben sich zwei große Gebäude, von denen das eine Bäder und eine Waschanstalt, das andere eine Schenke, Bäckerei, Büchersammlung und Magazine enthält. In der Nähe befindet sich eine Kinderbewahranstalt, in der 150 Kinder Aufnahme und die sorgsamste Pflege finden. Die für die Arbeiter bestimmten Häuser haben zum Theil nur ein Erdgeschoß, zum Theil ist ein Stockwerk aufgesetzt. Jedes ist für eine oder höchstens zwei Familien berechnet. Die Baukosten eines jeden betragen 2400 bis 3000 Franken. Die Gesellschaft, welche diese Stadt gegründet hat, verkauft jedem Arbeiter ein Haus für die Herstellungskosten, ohne ihn zu augenblicklicher Zahlung zu verpflichten. Er muß, je nach dem Werthe des Gebäudes eine Einzahlung von 300 bis 400 Franken leisten und später eine Monatsmiethe von 18 bis 23 Franken entrichten.

Dies ist 4 bis 5 Franken mehr, als er in der Stadt zu zahlen haben würde, und bleibt er vierzehn Jahre lang Miether, so ist das Haus sein Eigenthum. Mit jedem Gebäude ist ein Garten verbunden, dessen Nutz= nießung der Arbeiter hat. Bis jetzt sind 692 Häuser gebaut und 656 verkauft worden.

Die einförmige Ebene, welche Mühlhausen umgiebt und viele Spu= ren des Gewerbfleißes seiner Einwohner trägt, hat nur einen anziehenden Punkt. Es ist der Tannenwald, ein mit Weinbergen, Gärten und Landhäusern geschmückter und von einem Nadelholzwäldchen gekrönter Berg. Er ist der allgemeine Erholungsort der Mühlhausener. Alter= thumsforscher werden Ottmarsheim, das nicht ganz zwei Meilen ent= fernt ist, nicht unbesucht lassen. Der Weg führt durch die Hardt, einen der bedeutendsten Wälder des Elsasses. Die Merkwürdigkeit Ottmars= heims ist eine Kirche, die man früher für einen alten Marstempel hielt, in der man aber später ein Werk des 12. Jahrhunderts erkannte. Sie gehört zu den runden Kirchen, welche die Templer zu bauen liebten.

Zwischen St. Louis, einer Schöpfung Ludwigs XIV., und Hüningen befindet sich die berühmte Anstalt für künstliche Fischzucht. Sie besteht seit 1852 und hat bereits schöne Resultate ergeben. Bei diesem Fortschritt wurden zwei praktische Männer die Veranlassung, daß eine von der Wissenschaft längst angeregte Idee zu ausgedehnter Ausführung gelangte. In der Mitte des vorigen Jahrhunderts schon hatten ein Schwede und zwei Deutsche Bloch und Jacobi mit der künstlichen Be= fruchtung der Fischeier sich beschäftigt und gelungene Versuche gemacht. Jacobi wechselte mit Buffon Briefe über den Gegenstand, und so wurde sein Verfahren den französischen Naturforschern bekannt. In unsern Tagen machte Quatrefages Studien über die Vervielfältigung der Fische, ohne im entferntesten zu rathen, daß das Verfahren, welches er nach seinen Wahrnehmungen als das beste empfehlen konnte, bereits in Aus= übung gebracht worden sei. Zwei Fischer des Dorfes La Bresse in den Vogesen, Remy und Gehin, betrieben die künstliche Befruchtung seit dem Jahre 1841. Diese einfachen Menschen waren durch Beobachtung der Natur zum Zweck gelangt. Sie erzielten solche Resultate, daß sie allge= meine Aufmerksamkeit erregten. Man stellte Versuche in kleinem Maß= stabe an und errichtete dann diese Anstalt. Im ersten Eifer hatte man zu viel verlangt und fast als gewiß angenommen, daß der Ertrag der französischen Fischereien von sechs Millionen Franken auf neunhundert Millionen gesteigert werden könne. Da diese Erwartungen nicht in Erfüllung gingen, ist es von Hüningen stiller geworden, als die Anstalt verdient. Hü = ningen liegt unmittelbar am Rhein, über den hier eine Brücke führt, die nur zum Theil auf Pfeilern ruht und übrigens Schiffbrücke ist. Der kleine Ort beschäftigte die öffentliche Aufmerksamkeit nicht, bis Ludwig XIV. ihn

1680 in eine Festung verwandeln ließ, um die oft gekämpft wurde. 1815 erzeigten die Oesterreicher dem Nest die Ehre, es mit 30,000 Mann zu belagern, die der Erzherzog Johann in Person befehligte. Sind die französischen Angaben richtig, so bestand die Besatzung nur aus 100 Artilleristen, 30 Liniensoldaten, 5 Gensdarmen und 40 verabschiedeten Militärs. Diese Hand voll Menschen vertheidigte sich sieben Tage, bis die Wälle in Trümmern geschossen waren und erhielt dann einen Abzug mit allen Kriegsehren bewilligt. Die Wälle sind dann geschleift worden.

Von Mühlhausen führen noch zwei andere Eisenbahnen weiter. Die eine hat Wesserling zum Zielpunkt und berührt zunächst das Ochsenfeld, eine große und dürre Ebene jenseits des Nonnenbruchs. Ihr Name soll sich von einem großen Viehmarkt herschreiben, der vor sehr langer Zeit hier gehalten worden sei, ihre Unfruchtbarkeit hat einen natürlichen Grund. Ihr durchlässiger Kiesboden ist nur mit einer dünnen Schicht Fruchterde bedeckt und wird von den Winden noch mehr ausgetrocknet. Auf das Ochsenfeld verlegt Napoleon III. in seinem Werk über Cäsar die Schlacht zwischen seinem Helden und Ariovist. Unzweifelhaft ist der Sieg, den Bernhard von Weimar 1634 hier über die Katholiken unter dem Herzog Karl von Lothringen erfochten hat. Der Sage ist es an diesen geschichtlichen Ereignissen nicht genug und sie verlegt auf das Ochsenfeld auch noch einen entsetzlichen Kampf Attila's und den Verrath, den Ludwigs des Frommen Söhne an ihrem Vater geübt haben. Unter den Hufen der Pferde der Hunnen ist das Gras für immer vertrocknet und Kaiser Ludwig hat dieses ganze Lügenfeld verflucht. Zu nächtlichen Stunden hört man unter der Erde oft dumpfes Waffenklirren. Da liegen in weithinlaufenden Höhlen die Kriegsheere der verruchten Söhne des Kaisers im Todesbann. Verspätete Wanderer, welche über die Haide ziehen, werden oft von einzelnen Kriegern in rasselnden Harnischen bis in die Nähe von Sennheim oder Thann begleitet. Ernstliche Hindernisse bereitet dem Fußgänger im Winter der Schnee, der sich oft zu solcher Höhe erhebt, daß selbst Wagen schwer fortkommen. Seit einigen Jahren ist es gelungen, Föhrenpflanzungen anzulegen und durch Berieselung Wiesen zu schaffen. Die Mitte des Ochsenfeldes, wo der Boden am schlechtesten ist, liegt noch unfruchtbar und öde da.

Im Mittelalter sind Tausende von Menschen alljährlich über das Ochsenfeld gewandert, um in **Thann** zum heiligen Theobaldus zu beten. Das Wunder, das dem Orte seine Berühmtheit verschafft hat, ist dasselbe, welches an vielen andern Orten gespielt hat: eine Reliquie hat sich nicht fortbewegen lassen, um den Platz zu bezeichnen, wo ein Heiliger verehrt sein wolle. Die dem heiligen Manne geweihte Kirche, die oft mit dem Straßburger Münster verglichen wird, ist ein kleiner, aber unge-

mein zierlicher Bau, dessen Thurm eine schlanke, durchbrochen gearbeitete
Spitze hat. Das große Portal stammt aus dem dreizehnten, das Lang=
haus und das Seitenschiff zur Rechten aus dem vierzehnten, das Seiten=
schiff zur Linken und das Chor aus dem Ende des vierzehnten Jahr=
hunderts. Die Ornamentik, namentlich der Portale ist eine verschwenderisch
reiche, während die Harmonie des Innern durch Einbaue gestört worden
ist. Sehenswerth sind die geistreichen Arabesken der Kirche, ihre alten
Glasgemälde, ihre geschnitzten Chorstühle, ihre Reste alter Wandmalereien
und ihre Schlosser= und Schmiedearbeiten an der Thür der Sakristei
und an der Kanzel. Nördlich von Thann liegen die Ruinen der
Engelburg, deren obere Befestigung Turenne 1674 gesprengt hat. Bei der
Explosion ist der obere Theil eines Thurmes in einer einzigen Masse
zu Boden gestürzt und liegt jetzt gleich einem ungeheuren Fernrohre da.
Das Auge der Hexe heißt er bei den Landleuten.

Hinter Thann tritt die Eisenbahn in das obere Thal der Thur,
das gewöhnlich als Amarinen=Thal bezeichnet wird. Seine Sohle
nehmen üppige Wiesen ein und harmonische Linien hoher Berge bilden seine
Einfassung. Unter seinen Städten ist Wesserling die bedeutendste.
Sein Schloß, ursprünglich ein Jagdschloß der Aebte von Murbach, ging
im vorigen Jahrhundert, an einen Fabrikanten über, der eine Färberei
und Druckerei darin anlegte. Seit dieser Zeit betreibt Wesserling die
Weberei im ausgedehntesten Maßstabe und ist einer der wichtigsten Mittel=
punkte der Baumwollen=Industrie des Elsaßes geworden. Etwa 5000
Arbeiter finden hier Beschäftigung und liefern alljährlich 100,000 Stück
baumwollener Gewebe.

Die zweite von Mühlhausen ausgehende Bahn können wir nur bis
Belfort begleiten. Sie bietet nur drei interessante Punkte dar. Der
erste ist Illfurth, ein Ort mit etwa tausend Einwohnern am Rhein=
Rhone=Kanal, dem die Eisenbahn von Mühlhausen bis hierher zur Seite
bleibt. In der angenehmen Umgegend sieht man auf einem Berge die
sehr deutlichen Spuren eines verschanzten römischen Lagers, die aus
einem Erdaufwurfe von einem bis anderthalb Meter Höhe bestehen. In
der Nähe hat man eine Urne, einige römische Münzen und zwei bronzene
Armbänder gefunden. Gegenüber liegt der Kuppele, ein oben runder
Berg mit einigen Resten einer Burg, die der Zeit vor dem zwölften
Jahrhundert angehört haben muß, und vielleicht schon in der römischen
Epoche entstanden ist.

Altkirch, auf der halben Höhe eines Berges gelegen, verdankt
seinen Namen einer dem heiligen Christoph geweihten Kirche, die in einem
kleinen lieblichen Thale, zehn Minuten vom Orte selbst stand. Ihr hohes
Alter, welches bis auf die ersten Zeiten der Einführung des Christen=
thums im Sundgau reichen soll, erwarb ihr den Namen der alten Kirche.

Die jetzige Kirche ist um so neuer, da sie in den Jahren 1845 bis 1850 gebaut worden ist. Sie steht im Schloßgarten und ist ein Bau in ro= manischen Styl, der im Innern an überladener Ornamentik leidet. Ge= deckt ist sie mit den glacirten Ziegeln, die das Haupterzeugniß von Alt= kirch ausmachen und in verdientem Rufe stehen. Von Altkirch bis Belfort fährt man über mehrere Viaducte, die theils durch einen Sumpf, theils durch den Rhein=Rhone=Kanal, theils durch einen Fluß nothwendig ge= worden sind.

Belfort eine Stadt von 8,400 Einwohnern, ist eine Festung erster Klasse. Ihre Wichtigkeit beruht darauf, daß sie die Einsenkung zwischen den Vogesen und dem Jura beherrscht. Früher die beträchtlichste Stadt des Sundgaus, war sie schon im elften Jahrhundert befestigt. Von ihren ersten Herren, den Herzögen von Burgund ging sie an die Habsburger über und wurde 1636 französisch. Vauban legte neue Be= festigungen an, die seit 1826 bedeutend vermehrt wurden. Die Wälle der Stadt haben drei neue Fronten erhalten, so daß sie jetzt zwei Um= kreise bilden. Eine dreifache Linie von Befestigungen, mit Gräben, die in den Felsen gehauen sind, umgiebt die Citadelle im Osten der Stadt. Ihr höchstes Werk erhebt sich 63 Meter über die Umgegend und bestreicht jeden Punkt, wo ein Feind Laufgräben anlegen könnte. Nördlich von der Stadt liegt ein permanentes verschanztes Lager, in dem Platz für 20,000 Mann ist. Beschützt wird es durch zwei Forts, die zu den stärksten in Frank= reich gehören. In ihnen wie in der Citadelle und in der Stadt be= finden sich Kasernen und Magazine mit bombenfesten Gewölben. In den Freiheitskriegen haben sich die Verbündeten mit der Einschließung von Belfort begnügt. 1821 wurde hier eine Verschwörung entdeckt, die in allen größern Städten Frankreichs ihre Verzweigung hatte und den Sturz der Bourbons bezweckte.

2. Von Straßburg nach Weißenburg.

Die große linksrheinische Eisenbahnlinie, der wir bald bis zur rhein=
baierischen Grenze folgen werden, besitzt mehrere Abzweigungen, die zu
interessanten Punkten führen. Migneret, Präfekt des Departements Nie=
derrhein, hatte 1858 den glücklichen Gedanken, das Gesetz über die Vi=
cinalwege von 1833 auf wohlfeile Nebenbahnen anzuwenden. Der
Generalrath des Departements ging auf die Idee ein und unter seiner
Mitwirkung wurde der ganze Plan festgestellt. Bei jeder Linie haben
die Gemeinden und das Departement die Kosten tragen müssen, welche
durch die Erwerbung des Bodens, die Erdarbeiten und die Kunstbauten
entstehen. Die Gesellschaft der Ostbahnen hat das Legen der Schienen,
wie den Ankauf und die Erhaltung der Wagen und Lokomotiven auf sich
genommen und besorgt den Dienst. Alle diese Nebenbahnen haben blos
einen Schienenstrang. Die Zulassung von Curven mit kleinerem Durch=
messer und von stärkerem Gefäll, als auf den großen Linien, hat die
Baukosten bedeutend vermindert. Auch die Betriebskosten sind geringer,
da man langsam fährt. Die auf die Gemeinden und das Departement
fallenden Ausgaben haben sich für den Kilometer durchschnittlich auf 45,000,
die von der Ostbahn zu tragenden auf 60,000 Franken belaufen.

Die erste dieser Seitenlinien die man dem Verkehr übergab (25. Sep=
tember 1864), war die von Straßburg nach Wasselnheim. Auf dem
Wege sieht man das auf einer Höhe liegende Schloß der Familie Hu=
mann mit seinem prächtigen Park. Der Stationsort Dachstein, früher
eine nicht ganz unerhebliche und verschiedene Male, selbst von Turenne
belagerte Festung, ist jetzt ein kleines Dorf, dessen Stolz in einer Ceder
vom Libanon besteht, die 1737 gepflanzt worden ist und eine Höhe von
achtzehn Metern erreicht hat. Die nächste Station Molsheim ist der
Geburtsort des Generals Westermann, der in der Revolution eine ge=
wisse Rolle gespielt hat und 1794 guillotinirt worden ist. Da Mols=
heim große Weinberge besitzt, deren Wein ziemlich der beste im Elsaß ist,
so haben die Bischöfe von Straßburg sich mit dem Ort belehnen lassen
und ihr Eigenthum so lange wie möglich behauptet. Sie haben übrigens
achtbare Spuren ihrer Herrschaft hinterlassen, namentlich eine schöne go=
thische Kirche mit leicht und kühn aufstrebenden Thürmen und wohl=
erhaltene Mauern, die der Stadt ein mittelalterliches Ansehen verleihen.
Das alte Rathhaus am Markt, ein reizender Bau, ist der Gegenstand
einer verständig durchgeführten Restauration geworden. Seine reich ver=
zierten Giebelseiten, sein schöner und um drei Seiten laufender Altan,

endlich seine Doppeltreppe, die zu einem Mittelthurm führt, machen es zu einem sehr beachtenswerthen Monument.

Wir betreten nun eine sagenreiche Gegend. Avolsheim rühmt sich der ältesten Kirche des Elsasses, die im siebenten Jahrhundert erbaut sein soll und jedenfalls dem neunten angehört. In dieser Kirche, vom Volke Dompeter genannt, war lange ein altes Grab zu sehen, welches für das der heiligen Petronilla, einer Tochter des Apostels Petrus, aus=gegeben wurde. Fieberkranke legten sich hinein und hofften mit Zu=versicht auf Genesung. In Wahrheit hatte in dem Sarge eine edle Römerin, Terentia Augustola, geruht.

Zwischen Avolsheim und Wolxheim liegt die Armuth=Kapelle, zu der gewallfahrtet wird. Ein junger Mann aus Dachstein war fälsch=lich zum Tode verurtheilt worden und sollte hingerichtet werden, obgleich er noch auf dem Rabensteine seine Unschuld betheuerte. Da stürzte ein Mann aus der Menge hervor, um sich als Thäter zu bekennen, und der gerettete Jüngling baute aus Dankbarkeit die Armuth=Kapelle.

Hoch oben am Breuschthal, in dem wir uns befinden, erhebt sich in einer Verzweigung desselben der Wasgenstein. Es ist ein mäch=tiges Felsenthor, von dem die deutschen Heldenlieder oft sprechen. Unter dem Wasgenstein liegt der Frankenkönig Pharamond und auf seinem Grabe hat sich Walther, als er mit Hildegunde entfloh, der nachsetzenden Feinde muthig erwehrt. Das Heldengedicht „Walther und Hildegunde" enthält eine Beschreibung des Wasgensteines, die in der Simrock'schen Umdichtung also lautet:

> Da fand er eine Wildniß, der Wasgau genannt,
> Der fehlt es nicht an Thieren, es ist ein tiefer Wald,
> Von Hunden und von Hörnern wird sie schaurig durchhallt.
> Da ragen in der Oede zwei Berge einander nah
> Und eine enge Höhle liegt zwischen ihnen da.
> Von zweier Felsen Gipfeln ist überwölbt die Schlucht,
> Anmuthig, grasbewachsen, doch oft von Räubern besucht.

Das untere Breuschthal erinnert an ein Geschlecht, das, von kühnen Männern begründet, einen schimpflichen Ausgang genommen hat. Kirch=heim und Marlenheim werden als Landgüter der Merovinger erwähnt. Von der Pfalz dieser Könige in Marlenheim ist keine Spur mehr vor=handen, in Kirchheim hat man die Grundmauern des alten fränkischen Baues bloßgelegt. Sie sind zwei Meter dick und anderthalb Meter hoch. Sie bestehen theils aus gewöhnlichen Bruchsteinen, die keine regelmäßigen Schichten bilden, theils aus Ziegeln, die an manchen Stellen eine runde Form haben und auf Säulen hindeuten.

Nachdem die Eisenbahn in das Mossig=Thal eingetreten ist, erreicht sie das Sulzbad, dessen Wasser gegen rheumatisches Leiden, Skrofeln und ähnliche Krankheiten gebraucht wird. Die Gegend ist lieblich und nimmt im Kronthal einen pittoresken, beinahe wilden Charakter an. Die Schlucht ist so eng, daß sie kaum für die Bahn, die Landstraße und die Mossig den nöthigen Raum läßt. Das Kronthal soll die Steine für den Bau des Straßburger Münsters geliefert haben. „So allgemein diese Vermuthung ist", sagt Dr. Eissen, „wissen doch alle Männer vom Fach, daß die Steine des Kronthals, da sie sich nicht behauen lassen, blos als Bruchsteine zu verwerthen sind. Der Steinbruch, der die Steine zum Münsterbau wirklich geliefert hat, liegt westlich von Wasselnheim und trägt seit unvordenklichen Zeiten den Namen der Frauenhaus-Grube."

Wasselnheim, der Endpunkt dieser Zweigbahn, ist ein altes gewerbreiches Städtchen. Reste eines alten Thurmes bezeichnen die Stelle des Thors, das zum Schlosse führte. Das letztere war kaiserlich und ging durch Kauf an die Stadt Straßburg über. Wasselnheim ist der beste Ausgangspunkt für eine Wanderung nach der Wangenburg, dem Schneeberg und der Burg Nideck, die häufig auch von Zabern aus gemacht wird. Die Wangenburg besteht nur noch aus einem Thurm mit einem Stück Mauer und wird wegen ihrer schönen Aussicht über Wälder, in denen die Tanne vorzuherrschen beginnt, besucht. In nicht mehr bestimmbaren Zeiten muß man der Umgegend eine bedeutende strategische Wichtigkeit beigelegt haben, wie aus den zahlreichen Spuren alter Befestigungen hervorgeht. Von einigen, z. B. von der Burg Freudeneck, kennt man die Namen noch, von anderen nicht.

Der Schneeberg ist 963 Meter hoch und behält seinen Winterschnee den größten Theil des Jahres durch. Sein flacher Gipfel besteht aus Sandsteinblöcken, zwischen denen Moose kümmerlich gedeihen. Einer der Felsen liegt in einem so eigenthümlichen Gleichgewicht auf einem andern, daß er sich mit leichter Mühe bewegen läßt. Man streitet darüber, ob man es hier mit einer, auch anderswo vorkommenden Naturerscheinung zu thun habe, oder ob der Stein zu den Monumenten des Druidenkultus zu rechnen sei. Der Schneeberg besitzt auch ein Echo, welches drei hinter einander gesprochene Worte dreimal und in drei verschiedenen Tönen deutlich wiederholt.

Der Wasserfall von Nideck liegt unter dem Thurm, der von der Burg gleichen Namens übergeblieben ist. Er wird von einem Gebirgsbache gebildet und stürzt sich etwa siebenzig Fuß hoch in einem einzigen Strahl herunter, indem er einen Bogen macht, so daß man zwischen dem Fall und der dahinter liegenden Felswand hindurch gehen kann. Der wilde Charakter der Felsschlucht erhöht seine Wirkung. Die Tannen scheinen hier höher als sonst wo im Gebirge emporzusteigen und nackte Porphyrfelsen sind zwischen ihnen wie ausgesäet. Noch zwei andere Wasserfälle zeichnen diese Gegend aus, der Fall von Rappelbronn und von Günsburg. Der letztere entsteht durch die Hassel und ist der schönste. Burg Nideck ist durch seine liebliche Sage von der Riesentochter, die einen pflügenden Bauer mit dem Pflug und den Pferden als Spielzeug betrachtete und in ihre Schürze strich, berühmt geworden. Zwei unserer größten Dichter, Rückert und Chamisso, haben die Sage bearbeitet und darüber ist in Vergessenheit gerathen, daß Frau Ch. Engelhardt, eine Tochter des berühmten Straßburger Helleniften, sie entdeckt hat.

Auf dem Thurme der Burg Nideck, den man freilich auf Leitern erfteigen muß, die im Innern angebracht sind, hat man eine weite Aussicht auf das Hochfeld und die Thäler des Nideck und der Breusch. In dieser Gegend entwickeln die Schlitter und Holzhauer der Vogesen eine besondere Thätigkeit, wie man schon an den zahlreichen Schneidemühlen des Hasselthals wahrnimmt. Sie vereinigen sich in Gesellschaften und erstehen, wenn ein Wald niedergeschlagen werden soll, die Arbeit im Wege der Versteigerung. Jede Gesellschaft theilt sich in Holzschläger, welche die Bäume schlagen, und in Schlitter, denen der Transport obliegt. Sie arbeiten während der ganzen guten Jahreszeit und steigen beim ersten Schneefall von den Bergen herunter, um sich während des Winters durch andere Arbeit zu nähren. Ihre Arbeit im Walde oben beginnt mit der Errichtung einer gemeinsamen Hütte, die monatelang ihre Heimath ist. Es ist ein Blockhaus mit übereinander geschichteten Baumstämmen als Wänden, mit starken Aesten als Sparren, mit Baumrinde als Dach. Im Hintergrunde befindet sich ein Heerd, dessen Rauch durch ein Loch im Dach abzieht, zum Nachtlager dient ein mit Fichtennadeln belegtes Brett. Die Nahrung ist die einfachste und immer dieselbe: eine Suppe, d. h. Wasser mit eingeschnittenem Brot und ganz wenig Speck oder Butter, und Kartoffeln in der Schale. Wasser ist sonst das einzige Getränk, zuweilen bringt eine umherziehende Händlerin Kirschwasser oder gewöhnlichen Branntwein.

Die Holzschläger arbeiten nur bei solchen Bäumen, zu denen sie nicht anders zukommen können, mit der Axt. Ihr Lieblingswerkzeug ist die Säge. Ehe sie den Baum fällen, beseitigen sie die Aeste, damit diese nicht beim Niederfallen des Stammes andere Bäume beschädigen. Indem sie sägen, treibt ein Knabe Keile in den entstehenden Spalt. Ist der Stamm bis zu einer gewissen Tiefe zerschnitten, so neigt er sich, durch die Keile emporgehoben, auf die andere Seite. Die Holzhauer vermögen die Stelle, wohin er fallen wird, genau zu berechnen, und bleiben daher ruhig bei den Wurzeln stehen. Ist der Baum gefällt, so wird er abgeschält und in Blöcke zerschnitten. Die Aeste dienen als Brennholz, aus den kleineren Zweigen werden Reisigbündel gemacht.

Die Arbeit der Schlitter ist die mühsamere und gefährlichere und

will mit großer Ueberlegung ausgeführt sein. Zuerst muß ein Weg an=
gelegt werden, der für die Schlitten fahrbar ist. Der Schlitter hat zu
berechnen, wie er schwere Lasten an steilen Bergen hinunter und an
schroffen Höhen hinauf, um Felskegel herum und über Schluchten schaffen
kann. In vielen Fällen ist er zum Bau von Brücken und selbst von
Viaducten, die nach amerikanischer Art aus bloßen Balkengerüsten be=
stehen, genöthigt. Sein Schlitten muß die Eigenschaften der Leichtigkeit
und Festigkeit vereinigen. Um bei kargem Lohn doch das für ihn nöthige
Geld zu verdienen, ist er zu einer starken Beladung seines Schlittens ge=
nöthigt. Zwei Klaftern Brennholz sind eine gewöhnliche Ladung. Beim
Hinaufziehen dieser Last ist der Schlitter zu der höchsten Anstrengung
gezwungen, ohne in Gefahr zu sein, aber wo der Weg abwärts
führt und er durch Gegenstemmen die Geschwindigkeit des Nieder=
gleitens vermindern muß, wird er leicht von einem Unglück betroffen.
Er fällt entweder und geräth unter die schwere Last, oder der Schlitten
stürzt bei einer schroffen Wendung in die Tiefe und reißt ihn mit hinab.
Bei Regen muß er seine Arbeit gänzlich einstellen, da der schlüpfrig wer=
dende Weg ihm den festen Tritt raubt und die Bewegung des Schlittens
beschleunigt. Die unerhörte Anstrengung erklärt die bleiche Gesichtsfarbe
und die kränkliche Magerkeit der Schlitter.

Die Hauptbahn, die von Straßburg gegen Nordosten läuft, berührt
bis Wendenheim keinen wichtigen Punkt. Rechts und links liegen in
einer gewissen Entfernung Dörfer, unter andern Mundolsheim mit
dem Haubenberg, der oft bestiegen wird, weil man von hier im Westen
den Kochersberg und die Vogesen, im Osten den Schwarzwald bis Lahr
sieht und die lachende Umgegend von Straßburg zu seinen Füßen hat.
Bei Wendenheim zweigt sich die über Zabern nach Nanzig laufende Bahn
ab. Die Weißenburger Linie durchschneidet den schönen Tannen= und
Eichenwald von Brumpt und tritt darauf in Wiesen und Felder ein, die
mit Hanf, Krapp und Hopfen bestellt sind. Sie macht eine große Curve
um Bischweiler zu erreichen, das an der Moder liegt und sich rings
um einen Landsitz der Bischöfe von Straßburg angesetzt hat. Es war
eines der Lehen, welche das jetzige bairische Königshaus im Elsaß besessen
hat. Das alte Schloß wurde von den Franzosen verschont, als sie die
unbrauchbar gewordenen Festungswerke zerstörten, aber später niederge=
rissen. Das heutige Bischweiler ist eine Stadt mit etwa neuntausend
Einwohnern und der Sitz vieler Gewerbe.

Ehe die heutige Eisenbahn existirte, berührten die Reisenden, die
von Straßburg bis Lauterburg die große Landstraße benutzten, Drusen=
heim und fuhren an der Höhe vorbei, auf der Sesenheim liegt. Dru=
senheim ist ein behäbiger und sehr hübscher Marktflecken, dessen 1600
Einwohner nicht blos Ackerbau treiben, sondern auch eine Wollenspinnerei

besitzen und von ihrem zweitägigen Jahrmarkte großen Vortheil haben.
Neuere Geographen haben die Ansicht aufgestellt, daß Drusenheim eines
der von Drusus am Rhein gebauten Schlösser sei und noch heute den
Namen seines Gründers trage. Diese Behauptung gehört aber zu den
zahlreichen Vermuthungen, die ohne allen geschichtlichen Stützpunkt in der
Luft schweben. Das alte Schloß, Burghof genannt, das Drusenheim
besitzt, ist kein Römerwerk, sondern ein mittelalterlicher Bau. Früher
war der Flecken lutherisch, durch Ludwig XIV. ist er auf die diesem
König geläufige Weise zur alten Kirche zurückgeführt worden. Ein an=
muthiger Fußpfad über Wiesen führt von Drusenheim nach Sesenheim.
Nicht die Leiden, welche dieses Dorf im dreißigjährigen Kriege und bei
einem blutigen Gefechte zwischen Oesterreichern und Franzosen im Jahre
1744 zu erdulden gehabt hat, weisen ihm einen Platz in der Geschichte
an. Die reizende Liebesidylle, die hier zwischen Goethe und Friederike
Brion, für das liebliche Mädchen freilich elegisch ausklingend, gespielt hat,
machen den Namen Sesenheim unsterblich. Die Pfarre ist nach Goethe's
Plan umgebaut worden, und man zeigt den alten Fliederbaum, unter
dem er so oft Hand in Hand mit Friederike gesessen hat. Auch das
Wäldchen ist noch da, von dem Goethe eine Aussicht hatte, die er mit
Liebe schildert: „Hier war das Dorf und der Kirchthurm, hier Drusen=
heim und die waldigen Rheininseln, gegenüber die Vogesischen Gebirge
und zuletzt der Straßburger Münster. Diese verschiedenen himmelhellen
Gemälde waren durch buschige Rahmen eingefaßt, so daß man nichts
Erfreulicheres und Angenehmeres sehen konnte."
        Sesenheim ist das Ziel für Tausende deutscher Pilger, die keinen be=
quemeren Ausgangspunkt als Bischweiler wählen können. Pilger anderer
Art ziehen nach einem Orte, der auf der entgegengesetzten Seite der Eisenbahn
liegt. Marienthal, ein in Elsaß und Lothringen allgemein beliebter
Wallfahrtsort, verdankt seinen Ursprung einer Klausnerhütte, welche Albert
v. Wangen hier gründete und bewohnte. Andere Mitglieder der Familie
bauten eine Kirche, die zu Anfang des siebzehnten Jahrhunderts durch
einen Neubau ersetzt worden zu sein scheint, und ein Nonnenkloster, das
bis 1789 bestanden hat. Bei einem Besuch, den Maria Leszynska
mit ihrem Vater Stanislaus den frommen Schwestern machte, erfuhr
sie, daß man sie mit Ludwig XV. verheirathen wolle. Das Gebäude
existirt noch und wird als Zufluchtsort für schwache oder kranke Priester
benutzt.
        Hagenau ist die reichste Gemeinde im Elsaß. Sie besitzt bedeutende
liegende Gründe und der Wald allein bringt ihr jährlich eine Million
Franken ein. Ihre elftausend Einwohner sind deßhalb nicht träg ge=
worden und liefern dem Handel Seidengespinnste, weißgares Leder, Kerzen,
Fayence, Bier u. a. m. Der ganze Reichthum der Stadt schreibt sich

4*

aus der alten deutschen Zeit her und hat durch den französischen Mord=
brenner Marschall v. Crequi, der 1677 das Kaiserschloß, das Rathhaus,
mehrere andere öffentliche Gebäude und hundertfünfzig Häuser in Asche
legte, nicht vernichtet werden können. Im Jahre 1005 bauten „Herren
und Edelleute die Burg sammt dem Dorfe Hagenau an dem Fluß der
Moder, erstlich von wegen des Wildes," und benannten sie nach einen
Hag, den, weil er von Flußarmen zu einer Insel gemacht wurde, die
Hirsche zu ihren Schutz auserkoren hatten. Friedrich der Einäugige von
Schwaben verbesserte und vergrößerte Burg und Stadt. Sein Sohn
Friedrich der Rothbart ertheilte Hagenau bedeutende Privilegien und ver=
wandelte die Burg in eine große befestigte Pfalz, in der er oft Hof hielt.
An den Ecken erhoben sich gewaltige Thürme und in der Mitte strebte
ein fünfter empor, auf dessen Spitze der Reichsadler thronte. Ueber dem
Eingangsthor befanden sich drei Kapellen, eine über der andern, geschie=
den durch Wände von Backsteinen und mit röthlichem Marmor gepflastert.
Unter seiner Regierung wurden die Reichskleinodien von Trifels nach
Hagenau gebracht und erst 1220 wieder an den alten Aufbewahrungsort
geschafft. In dieser Pfalz ist der Kaiser, wie die Sage geht, „lebendig
verzückt worden, kann aber jeden Augenblick des Zaubers ledig werden,
weßhalb ihm alnächtlich in Trifels und in Kaiserslautern ein Bett ge=
macht wird. Nach dem Rothbart haben noch andere deutsche Kaiser in
Hagenau gewohnt und Gericht gehalten. Hier hat Richard Löwenherz
als Gefangener Heinrichs VI. vor einer Versammlung von Reichsfürsten
Rede stehen müssen. Ein Jahrhundert später wurde Hagenau von den
zehn Reichsstädten im Elsaß zum Vorort gewählt und behauptete immer=
dar eine geachtete Stellung, bis die Franzosen seiner und überhaupt jeder
Selbständigkeit ein Ende machten.

Der Brand von 1677 hat die beiden Kirchen verschont. Die St.
Nikolauskirche, im dreizehnten Jahrhundert erbaut und im funfzehnten
vergrößert, ist im Innern großartig, während das Aeußere sich durch nichts
Besonderes auszeichnet. Der in gothischem Styl erbaute Chor besitzt einen
schönen Altar von vergoldeter Bronze, vier Bildsäulen und ein geschnitztes
Tafelwerk von interessanter Arbeit. Die St. Georgskirche wurde in
der Mitte des zwölften Jahrhunderts von Kaiser Konrad III. erbaut.
Der Chor, für dessen Bau in den Bisthümern Metz, Speier und Straß=
burg Geldsammlungen veranstaltet worden, entstand im Jahre 1524.
Das Langschiff, der große Thurm und die Façade gehören der letzten
Periode des romanischen Styls an, der Chor der ersten Periode der Go=
thik. Die Façade wird durch ein großes und prächtiges Fenster mit
Glasmalereien durchbrochen, das dem Orgelchor Licht giebt. Die Pyra=
miden der Strebepfeiler sind mit mehreren schönen Bildsäulen geschmückt.
Das großartig angelegte und imposante Innere umfaßt drei Schiffe.

Ein reich verzierter steinerner Altar trägt ein elegantes Sacraments=
häuschen aus dem Jahre 1523, die steinerne Kanzel ist mit Figuren in
Relief bedeckt. Leider wird das schöne Monument durch geschmacklose
Wandgemälde und durch einen prahlerischen und charakterlosen Hochaltar
von bemaltem und vergoldetem Holz entstellt.

In der Nähe der alten deutschen Reichsstadt befindet sich eine fran=
zösische Schöpfung, Fort Louis. Ludwig XIV. wollte an diesem Punkte,
dicht am linken Rheinufer, eine Festung haben und beauftragte Bauban
mit dem Bau. 1688 war Fort Louis fertig und behauptete in den
spätern Kriegen eine gewisse Wichtigkeit. 1793 und 1794 wurde es von
den Oesterreichern und 1815 von den Verbündeten genommen. Es wurde
dann geschleift, doch findet man noch Reste der alten Werke, eine schöne
Brücke über die Moder und eine hübsche Kirche aus dem Tagen Lud=
wigs XIV. Uebrigens ist Fort Louis zu einem unbedeutenden Dorfe mit
dreihundert Einwohnern geworden.

Verläßt man den Bahnhof von Hagenau, so fährt man über die
Moder=Brücke, die der bedeutendste Kunstbau der Weißenburger Linie ist,
und befindet sich nun bald im Hagenauer Walde. Er gehört zu den
umfangreichsten Forsten des Elsasses und nimmt einen Flächenraum von
14,757 Hektaren ein. Seine Bäume sind Eichen, Buchen, Rüstern, Bir=
ken und besonders Fichten. Die Eisenbahn fährt wohl eine Meile durch
ihn hin und gewährt dem Reisenden die schönsten Durchblicke durch die
Säulenhallen der majestätischen Fichten. An seinem nördlichen Rande
baute ein Graf von Mömpelgard die Benediktiner=Abtei Walburg, der
Friedrich der Einäugige von Schwaben bedeutende Schenkungen machte.
Das Dorf Walburg ist klein, die von der Abtei übrig gebliebene Kirche
aus dem funfzehnten Jahrhundert macht wegen der edlen Verhältnisse
ihres Chors und wegen ihrer schönen Glasgemälde einen Besuch zu einem
lohnenden.

Weiter vor dem Walde bezeichnet Surburg die Stelle, wo der
heilige Arbogast im siebenten Jahrhundert eine Abtei gegründet hat. Auf
dem Dorfplatze steht eine prachtvolle, zweihundert Jahr alte Linde, deren
Zweige sich so weit ausbreiten, daß man sie durch steinerne Pfeiler hat
stützen müssen. Ein altes Kreuzbild auf einer kleinen Anhöhe bei Sur=
burg behauptet von frühern Zeiten einen gewissen Ruf der Wunderthätig=
keit. Man sieht immer allerlei Gegenstände frommer Widmung, wie
Bänder und selbst Kleidungsstücke, an ihm aufgehängt.

Sulz unterm Wald, ein Städtchen mit kaum zwölfhundert Ein=
wohnern, ist der letzte Ort vor Weißenburg, der erwähnt zu werden ver=
dient. Lange Zeit war er ein Theil der Herrschaft Fleckenstein und ging
1720 an die Fürsten von Rohan=Soubise über, die bis zur Revolutions=
epoche im Besitz blieben. Die beiden einzigen schönen Gebäude von Sulz,

die Kirche und das Rathhaus, sind modern. Die Salzquelle des Orts, auf die sein Name hindeutet, wird nicht mehr benutzt; eine neuerdings entdeckte Petroleum-Quelle hat dem amerikanischen Erdöl keine merkliche Concurrenz gemacht.

Weißenburg, der Schauplatz unsers ersten Sieges in diesem Kriege, ein Ort mit nahe an sechstausend Einwohnern, wurde erst vor drei Jahren als Festung aufgegeben. Die Befestigungen, die 1740 unter der Leitung von Cormontaigne aufgeführt wurden, fanden unsere Truppen noch fast unversehrt vor. Die beiden Hauptstraßen des Orts beginnen die eine beim Hagenauer, die andere beim Landauer Thor. Die letztere durchschneidet die ganze Stadt und führt in einer Verlängerung zum Bitscher Thor hinaus. Eine Abtei, im siebenten Jahrhundert erbaut und von König Dagobert I. mit reichem Grundbesitz begabt, wurde der Kern, um den Bauern und Handwerker sich ansiedelten. Bei der Abtei bildete sich eine Schule, die besonders im achten Jahrhundert blühte und in der Mitte des folgenden Jahrhunderts durch den Dichter Ottfried zu hohem Ruhm gelangte. Im zwölften Jahrhundert ließ die Abtei zu ihrem Schutze vier feste Thürme auf verschiedenen hohen Punkten in der Nähe der Stadt errichten: St. German im Westen, St. Paul oder das Pauliner Schlößchen gegen Schweigen zu, St. Remigius bei der Altstadt und St. Pantaleon in der Nähe von Rott. Das **Pauliner Schlöß-chen,** von dem jetzigen Eigenthümer wieder hergestellt, ist das bekannteste und ein Lieblingsspaziergang der Weißenburger, auch an Sagen und Spukgeschichten reich.

Die Abtei Weißenburg wurde 1526 aufgehoben und zwanzig Jahre später dem Bisthum Speier als sogenanntes Tafelgut zugewiesen. Sie ist bis zu Anfang dieses Jahrhunderts in dieser Lage geblieben. Die Stadt hatte sich im dreizehnten Jahrhundert völlig unabhängig gemacht und sich dem Bunde der rheinischen Städte angeschlossen. Von den Kaisern erhielt sie manche Vorrechte, unter andern das Recht, ihren Rath selbst zu wählen. Der Bauernaufstand brachte ihr großen Schaden, im dreißigjährigen Kriege wurde sie mehrmals ausgeplündert und 1677 theilte sie das Schicksal Hagenau's. Sie verlor damals sechsundsechszig Häuser nebst ihrem Rathhause und gerieth ins tiefste Elend. Seine ferneren Kriegsleiden stehen mit den Kämpfen um die Weißenburger Linien in Verbindung, die wir weiter unten beschreiben werden.

Als Stanislaus Leszynski 1720 das Herzogthum Zweibrücken aufgeben mußte, zog er sich mit seiner Frau, seiner Tochter und einigen polnischen Edelleuten nach Weißenburg zurück. Er bewohnte dort ein Haus, das nach ihm benannt geblieben ist, und bezog im Sommer ein Landhaus bei St. Remigius. Hier empfing er 1725 die Werbung Ludwigs XV. um seine Tochter Maria, mit der der Herzog von Antin beauftragt war. Kurz darauf begab sich Stanislaus nach Straßburg, das er auch bald wieder verließ, um von Lothringen Besitz zu nehmen.

Das einzige in künstlerischer Beziehung hervorragende Gebäude Weißenburgs ist die Peters- und Paulskirche. In der zweiten Hälfte des dreizehnten Jahrhunderts erbaut, steht sie auf dem Platze eines ältern Gotteshauses, zu dem ein hoher viereckiger Thurm im Westen der jetzigen Kirche gehörte. Ein achteckiger Thurm, umgeben von eleganten Thürmchen, zwischen denen gothische Doppelfenster angebracht sind, erhebt sich über dem Punkte, wo das Langhaus und der Transept sich kreuzen. Seine durchbrochene gothische Spitze hat man in der letzten Zeit der bischöflichen Verwaltung durch eine runde hölzerne Bedachung ersetzt. Das Langhaus ist prachtvoll, aber im Verhältniß zu den Seitenschiffen vielleicht zu hoch. Der Chor hat reiche Gewölbe und manche interessante Einzeln- heiten. Interesse erwecken ein Grabmal von rothem Sandstein, eine aus- gesucht zarte und reine Arbeit aus dem funfzehnten Jahrhundert, eine Statue Dagoberts unter der Orgel, eine eigenthümliche Sculptur, die Geburt des Heilands am Giebelfelde einer Thür, die zum Kreuzgang führte, und mehrere Wandgemälde einer Kapelle, die lange unter dem Bewurf versteckt waren und vor einigen Jahren frei gemacht wurden. Von den alten sein ausgeführten Glasgemälden haben wichtige Bruch- stücke aus dem dreizehnten, vierzehnten und funfzehnten Jahrhundert sich erhalten. Einer der Flügel des alten Kreuzganges steht noch. Die Kapitäle seiner Pfeiler stellen verschiedenes Blätterwerk der Pflanzen des Landes in naturgetreuer Nachahmung dar.

Die Umgebungen Weißenburgs sind reizend, namentlich nach der Seite der Vogesen zu, wo man prächtige Aussichten und merkwürdige Ruinen findet. Die Straße von Weißenburg nach Bitsch durchschneidet eine der interessantesten Gegenden des unteren Elsasses. Rechts von ihr liegt der Scharhold, einer der höchsten Berge dieser Landschaft, mit einem hohen Thurm auf seiner Spitze, der in den Revolutionskriegen zer- stört worden ist. Die Aussicht vom Scharhold umfaßt das Lautherthal und die Gegend zwischen ihm und dem Hagenauer Wald, den Schwarz- wald von Heidelberg bis zum Kinzigthal und namentlich die Umgegend von Baden. Die Thürme von Straßburg und Speier, die Kirchen von Karlsruhe und die Festungswerke von Rastadt sind deutlich zu sehen.

Am östlichen Ende des Scharholds beginnen die in der Kriegsge- schichte so berühmten Weißenburger Linien und setzen sich etwa vier deutsche Meilen weit bis Lauterburg fort. Dieses Städtchen von 2100 Einwohnern, von den Franzosen zu den Festungen dritter Klasse gerechnet und auf einer Höhe gelegen, deren Fuß die Lauter bespült, ist vom Rhein eine starke Stunde entfernt. Lauterburg scheint einem von den Römern erbauten Festungswerke seinen Ursprung zu verdanken und hat in allen Kriegen, deren Schauplatz das Unter=Elsaß gewesen ist, stark gelitten, am meisten im dreißigjährigen Kriege und in den Revolutions= kämpfen. Die Weißenburger Linien ziehen sich am rechten Ufer der Lauter hin und bestehen aus Erdaufwürfen und Brustwehren, die von Strecke zu Strecke durch regelmäßige Schanzen verstärkt werden. Heute sind diese Werke zum Theil verschwunden, da die Besitzer der an der Lauter liegen= den Grundstücke sie an vielen Stellen der Erde gleich gemacht haben. Marschall Villars legte sie in den Jahren 1704 bis 1706 an und ließ zuweilen elftausend Menschen an ihnen arbeiten. Unter den vielen Kämpfen, in denen um ihren Besitz gestritten wurde, waren die von 1793 die blutigsten. Im Feldzuge jenes Jahres hatte der Herzog von Braunschweig, von Wurmser unterstützt, die Weißenburger Linien erstürmt und Landau eingeschlossen. In Paris war die Schreckensherrschaft ein= getreten, ein Aufgebot in Masse ausgeführt und für die Generale, die im Felde Unglück hätten, die Guillotine errichtet worden. St. Just, Robespierre's fanatischer Freund, überbrachte dem General Hoche den Be= fehl des Convents: „Landau oder der Tod!" Der tapfere Revolutions= general gab seinen Soldaten dasselbe Feldgeschrei und warf sich mit Wuth auf die Weißenburger Linien. Vom 26. bis zum 28. November stürmte er unaufhörlich und wurde vom Herzog von Braunschweig, dessen Stellungen er angriff, immer zurückgeworfen. Im nächsten Monat erneuerte er sein Sturmlaufen und wählte jetzt den Theil der Linien, wo er den General Wurmser mit den Oesterreichern wußte. Wieder zog sich der Kampf durch Tage hin, vom 22. bis zum 26. December, und der Ausgang war nun ein anderer. Die Linien wurden genommen, Landau entsetzt. Die deutsche Niederlage hatte die gewöhnliche Folge: die Oesterreicher und Preußen machten sich gegenseitig Vorwürfe und trennten ihre Heere.

Heute wird kein deutscher Reisender vergessen, dem Wege zu folgen, der unsere Truppen, als sie von Sieg zu Sieg eilten, von Weißenburg nach Wörth führte. Bis zum 6. August 1870 war der Ort der Welt un= bekannt. In der That ist Wörth nichts als ein Dorf mit zwölfhundert Einwohnern, die sich hauptsächlich auf den Obstbau verlegen, eine Oel= mühle besitzen und etwas Gerberei und Färberei treiben. Jetzt hat Wörth gleich den nächsten Ortschaften, unter denen Fröschweiler, nach dem die Franzosen die Schlacht benennen, seinen Namen in die ehernen Tafeln der Geschichte eingeschrieben. Es liegt an der Sauer und am Abhang einer Hügelkette, die sich fast halbkreisförmig vor der von Sulz herabkommenden Landstraße ausdehnt. Zahlreiche Weiler und Gehöfte, ein Wald und Rebengehänge sind die aus dem Schlachtberichten bekann= ten Charakterzüge der hügeligen Landschaft. Wörth ist übrigens nicht ganz von Interessantem entblößt. Die Kirche zwar, die 1730 erbaut und 1863 restaurirt wurde, hat keinen Kunstwerth, aber pittoresk ist ein alter viereckiger und von Zinnen gekrönter Thurm, der an der Brücke über die Sauer steht und zum alten Schlosse gehört hat. Im Jahre 1577 hat man in Wörth einen antiken vierseitigen Altar entdeckt, dessen Seitenflächen Figuren der Juno und der Vesta, des Merkurs, der Minerva und des Herkules tragen. Man hat ihn auf dem Platze vor dem Gemeindehause aufgestellt.

Im Sauerthale liegt Lembach, das früher zu der Herrschaft Flecken= stein gehörte. Die in Trümmern liegende Burg seiner alten Herrn ist die merkwürdigste Ruine dieser Gegend. Aus einer sanft ansteigenden und abgerundeten Höhe steilt ein riesiger Felsen auf, der die natürliche Grundlage der Burg Fleckenstein ist. Um den Fuß des Felsblocks läuft eine äußere Mauer, jetzt zwischen Gesträuch und Gebüsch fast ver= schwindend. Die Burg selbst hat einen bedeutenden Umfang und ist so solid gebaut, daß ihre Mauern und Thürme mit dem Gestein, auf dem sie stehen, eine einzige Masse zu bilden scheinen. Ein schöner unterir= discher Saal ist ganz in dem Felsen eingehauen und wird durch eine viereckige Säule gestützt, die man in der Mitte stehen gelassen hat. Ob= gleich ihre Lage sie fast unangreifbar machte, wurde die Burg 1675 von den Truppen Ludwigs XIV. doch genommen und fünf Jahre später von Baron von Montclar zerstört. In einem der Thürme führt eine in den Felsen gehauene Treppe zur Spitze, von der man eine schöne Aussicht auf das Thal hat.

Zwei andere Ruinen dieser Grenzgegend sind der Wasenstein und die Frönsburg. Die Reste des Wasenstein sind zwei Thürme auf dem Gipfeln von zwei Felsen, die durch eine Schlucht getrennt werden. Der eine enthält einen theilweise in das Gestein eingehauenen Saal und eine auf dieselbe Weise entstandene Treppe. Die Reste der Frönsburg nehmen ebenfalls die Spitzen von zwei Klippen ein. Bei dem einen Thurm ist die Felsenunterlage so eng, daß sie das Fußgestell eines Monuments zu sein scheint. Burg Frönsburg ist bereits in einem der Kämpfe des vier= zehnten Jahrhunderts zerstört worden.

Von Hagenau, wohin wir zurückkehren müssen, führt eine Eisenbahn nach Niederbronn. Sie gehört zwar zu dem Netze der Seitenlinien der Ostbahn, bildet aber den ersten Abschnitt einer großen Linie, die über Saargemünd nach Diedenhofen (Thionville) führen soll. Schweighau= sen, der erste Ort an der Bahn, jetzt wegen seines Hopfenbaues wichtig, war ursprünglich ein Lusthaus der fränkischen Könige. Im dreißigjährigen Kriege wurde es vollständig verwüstet und erst achtzehn Jahre nach dem westphälischen Frieden durch eine Kolonie Schweizer und einige Bürger, die man wegen ihres protestantischen Glaubens aus Hagenau vertrieben hatte, neubevölkert. Man hat hier verschiedene römische Alterthümer ge= funden, namentlich ein sehr schönes Basrelief mit einer Juno, deren Kopf

leider verletzt ist. Dieses Basrelief hat man in die Mauern der Sa=
kristei der Ortskirche eingefügt. Einer Mauer des Gasthofs zur Krone
dient eine antike Herkules=Büste zum Schmuck.

Merzweiler, dessen Hanf eines großen Rufs genießt, hat rö=
mische und gallische Alterthümer geliefert, in Gundershofen sind die
Grundmauern eines römischen Tempels bloßgelegt worden. Reichsho=
fen ist durch einem Seitenstrang mit der Linie von Niederbronn ver=
bunden. Die Gesellschaft der Eisenhammer des Niederrheins hat hier
eine große Maschinenbau=Anstalt, welche hauptsächlich für Eisenbahnen
arbeitet, aber auch Fabriken ihren Bedarf liefert und die großen Bau=
theile eiserner Brücken gießt. Die Anstalt besitzt zahlreiche Maschinen,
die durch Dampf in Bewegung gesetzt werden, und eine durch Wasserkraft
bewegte Schneidemühle. In Merzweiler hat die Gesellschaft zwei Hoch=
öfen, in Mietesheim ein Eisenwerk. Reichshofen liegt am Zusammenflusse
des Falkensteinbachs und des Schwarzbachs und an der Straße von Fal=
kenau nach Bitsch. Lange war es ein Eigenthum der Bischöfe von Straß=
burg und ging durch mehrere Hände an Johann von Dietrich, den
Ahnherrn der jetzigen Leiter der Eisenhammer=Gesellschaft, über. Auf der
Straße von Reichshofen nach Wörth befinden sich die Ruinen einer alten
Kapelle, welche die Stelle eines römischen Tempels einnehmen soll. In
der That sieht man an der einen Mauer ein Basrelief, welches eine Hydra
mit sieben Köpfen und einen Merkur darstellt.

Niederbronn war eine größere römische Niederlassung. Zahlreiche
Spuren von Bauten, aufgefundene Münzen und Trümmer von Bild=
werken haben den Beweis geliefert, daß die Römer, jedenfalls von den
Mineralquellen der Gegend angelockt, hier einen vicus bauten, dessen
Name allerdings nicht auf uns gekommen ist. Sie gaben der Quelle
eine wieder aufgefundene Fassung von behauenen Steinen und umgaben
sie mit einem schönen Steinpflaster. Unter den ausgegrabenen Kunst=
gegenständen befindet sich ein Altar mit den Figuren des Herkules, Mer=
kur und Apollo, der im Straßburger Museum Aufnahme gefunden hat.
Etwa dreihundert Münzen, die der Boden geliefert hat, reichen in un=
unterbrochener Reihe von der Regierung des Augustus bis zu der des
Arcadius. Nur eine einzige stammt aus der letzten Zeit der Republik
und trägt den Namen des Triumvirs Antonius. Die Hauptentdeckungen
von Alterthümern wurden gemacht, als Graf Philipp von Hanau, dessen
Haus Niederbronn früher einmal besaß, die Quelle 1570 neu fassen ließ.
Noch heute kommen gelegentlich Reste von römischen Mauern, steinernen
Fußboden und Bildwerken zu Tage. Sie sind immer mit Kohlen ver=
mischt, als ob der alte Römer=Ort durch eine Feuersbrunst zerstört wäre.

Das Wasser von Niederbronn wird getrunken und zu Bädern
benutzt. Es hat so gut wie gar keinen Geruch und einen leichten nicht

unangenehmen Salzgeschmack. Nach dem Trinken wird man im Munde
trocken und empfindet einen faden Nachgeschmack. Empfohlen wird es bei
Verdauungsbeschwerden, Leberleiden, Rheumatismus und Gicht, Frauen=
krankheiten u. s. w. Eröffnet wird das Bad, das Eigenthum der Ge=
meinde ist, am 1. Juni, geschlossen am 15. September. Die Kur dauert
gewöhnlich zwanzig Tage. Für die Unterkunft der Kranken ist gut ge=
sorgt. Morgens und Abends spielt die Kapelle auf der Promenade, auch
Concerte und Bälle fehlen nicht. Den schönsten Spaziergang bildet der
englische Garten mit dem im Süden sich anschließenden Herrenberg. Für
Spaziergänger, „die sich nicht aufhalten" — il est défendu de stationner,
lautet die Vorschrift des Besitzers — ist auch der schöne Park des Ba=
rons von Dietrich geöffnet. Hinter ihm liegt der Eisenhammer, der für
die bereits genannte Gesellschaft des Niederrheins arbeitet. Ein in Frank=
reich sehr bekanntes Erzeugniß des Orts sind die „Niederbronner Artikel",
geschmackvoll gearbeitete Sachen von Holz und Alabaster.

In drei guten Stunden ist von Niederbronn die Wasenburg zu
erreichen und mit diesem Spaziergange läßt sich leicht ein Besuch des
Druiden=Kreises der Ziegenburg verbinden. Die Wasenburg scheint aus
dem fünfzehnten Jahrhundert zu stammen und ist bis zum siebzehnten
Jahrhundert immer bewohnt gewesen. Kunstfreunde werden den schönen
Burgsaal mit gothischen Fenstern, der ziemlich gut erhalten ist, bewun=
dern; auf Philologen wird eine römische Inschrift an einer Felswand die
größte Anziehungskraft üben. Ihre Berühmtheit schreibt sich von einem
einzigen Worte her, das man in keiner andern Inschrift und auch bei
keinem römischen Schriftsteller gefunden hat*). Der Druiden=Kreis
der Ziegenburg nimmt eine Bergspitze ein. Er besteht aus einer Ein=
friedigung von einem bis zwei Meter Höhe und gleicher Breite. Die Steine
sind ganz unbehauene Felsblöcke, wie man sie auf dem Berge vorgefunden
und ohne Mörtelverbindung auf einander gelegt hat. Die Einfriedi=
gung bildet ein unregelmäßiges Dreieck und umschließt eine ungeheure
Felsplatte, die etwas schief liegt und gegen unten hin mit einer zehn
Fuß langen Rinne versehen ist. Man hielt sie daher für einen alten
Opferstein, auf dem das Blut der Thiere ablaufen konnte. In einem
Winkel der Einfriedigung stehen zwei Steine aufrecht da, muthmaßlich die
Reste eines Dolmen. In der Umgegend wird der Ort das keltische Lager
genannt und er kann auch nicht blos Opferstätte, sondern zugleich eine
Zuflucht in Kriegsgefahr gewesen sein. Aus derselben keltischen Zeit dürfte
der „große Kopf" stammen, eine auf demselben Berge eine Viertelstunde
weiter hin grob in eine Felswand eingehauene weibliche Figur.

---

*) Die Inschrift lautet: Deo Mercurio attegiam teguliciam composi-
tam Severinius Satullinus C. F. ex voto posuit l. l. m.

Etwas weiter von Niederbronn ist das Jägerthal entfernt. Sei=
nen Namen hat es von einem Herrn Jäger, der in dem pittoresken,
vom Schwarzbach bewässerten Thal einen Eisenhammer anlegte. Seit
zwei Jahrhunderten ist derselbe Eigenthum der Barone von Dietrich,
denen man in der Eisenindustrie dieser Gegend überall begegnet. Sie
haben sich im Jägerthal ein von einem großen Park umgebenes Schloß ge=
baut. Zwei alte Schlösser sind Alt=Winstein und Neu=Winstein,
zwei Bergruinen nahe bei einander. Alt=Winstein liegt auf einem hohen
Felsen, der sich oben erweitert und fast die Form einer Riesenvase hat.
Die Burg besitzt wohl erhaltene Reste von Gängen und unterirdischen
Gewölben, die in den Felsen gehauen sind. Man will wissen, daß die
Gänge bis Neu=Winstein und sogar bis zur Burg Schöneck laufen.
Mehrere Sagen knüpfen sich an Alt=Winstein, darunter eine, die dem
Kreise der altrömischen Dioskuren=Sagen angehört. In der Mitte des
sechszehnten Jahrhunderts gerieth Kuno Eckbrecht von Dürkheim, der Herr
von Alt=Winstein und Neu=Winstein, in eine Fehde. Als er sich eines
Abends auf dem obersten Söller der Burg Alt=Winstein erging, sah er
zwei Ritter in alten Rüstungen in's Schloß treten. Er glaubte nicht
anders, als man habe ihnen aus Verrath das Thor geöffnet, und wollte
heruntersteigen. Allein da standen sie schon vor ihm und einer sagte:
„Mein Sohn, eile mit Hülfe nach Winstein, morgen ist es zu spät".
Schnell bestieg Ritter Kuno sein Pferd und zog an der Spitze seiner
Kriegsleute vor die Veste Neu=Winstein, die schon hart bedrängt war,
und trieb die Feinde in die Flucht. Noch jetzt sieht man jene beiden
Ritter zuweilen langsamen Schritts um die Burg wandeln.

Gleich hinter Niederbronn läuft die Grenze des französischen Depar=
tements des Niederrheins. Wir werden sie überschreiten, um die Thäler
des verlorenen Landes kennen zu lernen, die im Mosel=Departement bis
Saargemünd reichen. Von Niederbronn bis Bitsch wandert man im
Thale des Falkenstein=Baches durch einen parkähnlichen Wald von Fichten
und Buchen. Bitsch gehörte dem Hause Zweibrücken=Bitsch und fiel
1606 an Lothringen, dessen Schicksale es von nun an theilte. Die
eigentliche Stadt liegt am Fuße des Felsens, den das berühmte Fort
krönt, und besteht fast nur aus einer einzigen Straße, die zwischen der
äußeren Festungsmauer und der Grundlage des Forts hinläuft. Der
Ruf der Uneinnehmbarkeit, in dem Bitsch steht, stammt aus der Zeit
Ludwigs XIV. Damals legte Vauban Werke an, die 1741 wieder her=
gestellt und später erneuert und vergrößert wurden. Bitsch ist übrigens
nur ein Platz dritter Klasse und kann keine stärkere Besatzung als tau=
send Mann bequem aufnehmen. Die Umfassungsmauer besteht aus vier
Bastionen mit einem Halbmonde und einem Hornwerk. Der ganze Fel=
sen, auf dem das Fort fünfzig Meter über der Stadt steht, ist zu ge=

wölbten Kasematten benutzt worden. Der durch das Gestein gehauene
Brunnen hat eine Tiefe von achtzig Metern. In den Revolutionskriegen
hätte Bitsch seine Jungfräulichkeit beinahe verloren. In einer dunkeln
Nacht des Jahres 1793 hatten die Preußen, denen Verrath ein Thor
öffnete, die Außenwerke bereits genommrn, als ein Bürger sie bemerkte
und Lärm machte. Die Besatzung war schnell auf den Beinen und ret=
tete die Festung.

Die Gegend unmittelbar um Bitsch ist kahl und hoch. Die starke
Kälte, die hier im Winter lange herrscht, hat ihr den Namen des Mosel=
Sibiriens verschafft. Aber nur eine Viertel= oder höchstens eine halbe
Stunde weit beginnen die schönsten Wälder. Unter den Bergen heißt
einer der Alt=Schloß, weil auf seinem Gipfel eine Burg gestanden
haben soll. Was man hier von Spuren sieht, deutet nicht auf ein
Schloß, sondern auf ein verschanztes Lager, das übrigens nicht, obgleich
einige Gelehrte diese Ansicht verfechten, ein Lager des Hunnenkönigs Attila
gewesen zu sein braucht. Der Berg bezeichnet die Grenze des großen
Waldeck=Forstes, in dem man keine menschliche Wohnung sieht, bis man
den Weiler Fürstenhand erreicht. Der sonderbare Name erklärt sich
durch eine Menschenhand, die in einen Felsen eingemeißelt ist. Die
Sage, die jedes Bildwerk auf wunderbare Ursachen zurückführt, spricht
von der Hand, die einem lothringischen Fürsten an dieser Stelle abge=
hauen worden sei und gegen den Felsen fliegend diesen Eindruck zurück=
gelassen habe. Die Alterthumsforscher nennen die Hand ein Botiv=Bild=
werk, durch das der Stifter den Gott Merkur habe ehren wollen. Der
lothringische Fürst der Sage soll von Sturzelbronn geflohen sein, das
jetzt in Trümmern liegt. Es war eine Abtei der Cistercienser und reich
mit Schenkungen begabt. Sein Vermögen und seine einsame Lage mitten
im Walde setzten es Plünderungen und Verwüstungen aus. Lange Zeit
war die Abtei in Folge dessen verlassen und fristete ihr Dasein, nach=
dem sie im vorigen Jahrhundert neue Bewohner bekommen hatte, nur
bis zur Revolution.

Zwischen Bitsch und Saargemünd liegt kein Ort, der einer beson=
dern Erwähnung verdiente. Saargemünd (6800 Einwohner) ist ein
sehr alter Ort, dessen Name bereits im achten Jahrhundert vorkommt.
Im Mittelalter trotzte die Stadt auf ihre Befestigungen und führte mit
den Herzögen von Lothringen Kämpfe, die ihr die Freiheit verschafften.
Von den Bauten aus jener Zeit und selbst von den Festungswerken ist
nichts mehr zu sehen. Saargemünd ist eine nur den modernen Interessen
gewidmete Stadt geworden. Die sehr bedeutende Industrie liefert Fay=
ence von Pfeifenthon nach englischem Geschmack, Porzellan, irdene Ge=
schirre mit Metallglasur, sehr gesuchte Töpferwaaren, die den Basalt und
Porphyr nachahmen, Plüsche, Zündhölzchen u. a. m. Die größte Aus=

Dehnung hat die Anfertigung von Kästchen und Dosen, die sich durch Eleganz und reiche Fassung auszeichnen, genommen. Außer der Stadt betheiligen sich verschiedene Dörfer der Umgegend bei der Anfertigung der= selben. Jährlich kommen über hunderttausend Dutzend solcher Kästchen und Dosen in den Handel und werden im Fabrikpreise mit einem halben bis achtzig Franken das Dutzend bezahlt.

3. Von Straßburg nach Lothringen.

Bei Wendenheim zweigt die Linie der Eisenbahn ab, die über Zabern nach Lothringen führt. Der erste bedeutende Ort ist Brumpt (Brumath) am linken Ufer der Zorn, in einer offenen Ebene, die im Norden von Hügeln und im Süden von Wäldern begrenzt wird. Der Ort ist sehr alt und wird schon in dem Itinerarium Antonins und in den theodosischen Tafeln erwähnt. Unter der römischen Herrschaft war Brumpt eine ansehnliche Stadt, wie die in der Umgegend aufgefundenen Alterthümer und die Reste einer Römerstraße im Norden der Zorn beweisen. Im neunten Jahrhundert war es weiter nichts als ein königliches Meiergut, aber im zwölften Jahrhundert hatte es sich bereits zu einem Dorfe erweitert, dem Ludwig der Bayer 1336 Stadtrechte verlieh. Im Schloße starb Christine von Sachsen, eine Tante Ludwigs XVI. im Jahre 1781 und 1794 wurde das Gebäude als Nationalgut verkauft. Im Süden der Stadt liegt das Irrenhaus von Stephansfeld, wohl die beste Anstalt dieser Art, welche das Elsaß besitzt. Stephansfeld ist vom dreizehnten Jahrhundert an immer milden Zwecken geweiht und in den ersten Zeiten ein Zufluchtshaus für arme Greise und verlassene Kinder gewesen.

Zabern hat eine reizende Lage am Rande der großen elsässischen Ebene und am Fuße eines Vorsprungs der Vogesen, der ihr schöne Wälder zum Hintergrunde giebt. Unregelmäßig gebaut und nur aus einer Hauptstraße mit Seitengassen bestehend, hat der kleine Ort von etwa 5000 Einwohnern ein lebhaftes Ansehen und wird besonders durch seine Umgegend anziehend, die sich durch pittoreske Landschaften, große Ruinen mehrerer Ritterschlösser und einige schön gebaute Kirchen empfiehlt. Zabern hieß bei den Römern Tres Tabernae und wird in ihren ältesten geographischen Angaben genannt. Die vielen römischen Alterthümer, welche die Umgegend geliefert hat, sind im Museum der Stadt vereinigt worden. Unter den Römern war Zabern bereits dazu bestimmt, seinen wichtigen Vogesenpaß zu vertheidigen und wurde seiner strategischen Lage zu Folge häufig belagert. Im Jahre 1525 spielte hier die schrecklichste Episode des Bauernkriegs. Die Bauern hatten sich Zaberns bemächtigt und wurden vom Herzog Anton von Lothringen belagert. Nach einigem Widerstande ergaben sie sich unter der Bedingung, daß man ihres Lebens schone. Kaum hatten sie, 20,000 an Zahl, die Stadt verlassen, als die Landsknechte trotz des Vertrags sich auf sie warfen. Die Unglücklichen flohen in die Stadt zurück, aber ihre unerbittlichen Feinde folgten ihnen und erschlugen sie trotz aller Bemühungen des Herzogs. Sechszehntausend fanden ihren Tod und füllten mit ihren Leichen die Plätze, Straßen und Häuser der Stadt und die umliegenden Felder.

Zabern besitzt blos zwei Gebäude, die einiger Aufmerksamkeit wür=
dig sind. Die Stadtkirche ist ein Bau aus drei Epochen. Der in fünf Stockwerke getheilte Thurm ist romanisch, der Chor verräth den spät=
gothischen Styl des 14. Jahrhundert und das Langhaus ist ein Jahrhun=
dert jünger. An einer seiner Seitenmauern läuft außen ein Gang mit einem durchbrochenen Geländer von zartestem Geschmack hin. Im Innern bemerkt man eine Kanzel von dem berühmten Hammerer, der auch die Zeichnung der Kanzel für den Straßburger Münster geliefert hat, im Chor schönes Getäfel von geschnitztem Eichenholz und in einer der heili=
gen Jungfrau geweihten Kapelle vier Gemälde von Hans Wohlgemuth auf Holz gemalt.

Das Schloß wurde zweimal neu gebaut. Der älteste Bau wurde im dreißigjährigen Kriege so gut wie zerstört und das Schloß, welches Eugen von Fürstenberg errichten ließ, fand in der Nacht des 7. Septem=
ber 1779 durch eine Feuersbrunst seinen Untergang. Das jetzige Schloß baute der Kardinal Rohan, der traurige Held des Halsbandprozesses, als Bischof von Straßburg. Es ahmt den pomphaften Styl des Palastes von Versailles nach und hat zwei Facaden, von denen die eine gegen den Hauptplatz der Stadt, die andere gegen den Schloßgarten gerichtet ist. Auf diese letztere hat der Baumeister den Ton gelegt und ihr einen mo=
numentalen Charakter verliehen. Der Garten war früher mit Spring=
brunnen und Bildsäulen geschmückt, die während der Revolution ver=
schwunden sind. Napoleon III. hat das Schloß den Wittwen hoher Staatsbeamten bestimmt, doch ist sein Gedanke nur sehr unvollständig zur Ausführung gekommen.

Von den alten Befestigungen existiren noch einige Theile, namentlich Mauerreste und mehrere Thürme, die halb in Trümmern liegen. Nach einer geschichtlichen Ueberlieferung zählte die Mauer so viel Thürme, als es Wochen im Jahre giebt, und so viele Zinnen, als das Jahr Tage hat. Zwischen jedem Thurm waren sieben Zinnen angebracht. Man hatte deshalb die Redensart: Zabern ist nach dem Kalender gebaut.

Die drei Schlösser bei Zabern Hoh=Barr, Groß= und Klein=
Geroldseck sind in der Geschichte, wie in der Sage gleich bekannt. Hoh=
Barr, wegen seiner Lage zwischen dem Thal der Zorn und dem breiten Rheinthal das Auge des Elsasses genannt, wurde im 12. Jahrhundert von einem Bischof von Straßburg erbaut und diente seinen Nachfolgern häufig zur Residenz. Einer derselben, Johann von Manderscheidt, ließ es 1583 neu herstellen und stiftete hier eine Zechergesellschaft, welche den Namen der Hornbrüderschaft führte. Die geistlichen und weltlichen Herrn, die in den Orden aufgenommen werden wollten, mußten ein großes Ur=

Horn voll Wein in einem Zuge austrinken. Dieses Horn, welches von drei künstlich gearbeiteten kupfernen Ringen umschlossen war, wurde in Zabern bis zur Revolution aufbewahrt. Der Herzog von Bassompierre berichtet in seinen Denkwürdigkeiten, daß ihm die Brüderschaft auf Hoh=Barr dergestalt mit ihrem Horn zugesetzt habe, daß er fünf Tage in Zabern krank darnieder= lag und zwei Jahre lang keinen Wein trinken, ja nicht einmal den Ge= ruch desselben ertragen konnte. Später scheint ihm jedoch dieser Abscheu vor dem edlen Getränke wieder vergangen zu sein, denn er erzählt selbst, daß er nachmals auf dem Schlosse war und mit den Brüdern tüchtig zechte.

Hoh = Barr erhält nächtliche Besuche von Schatzgräbern, die hier nach etwas suchen, was vor ihnen ein Fürst des Hauses Rohan trotz aller aufgewandten Mühe und aller Geldkosten nicht gefunden hat. In der Zeit der Religionsunruhen soll man ein Christusbild von gediegenem Golde und die Bildsäulen der zwölf Apostel von gediegenem Silber, welche die Kapelle des bischöflichen Schlosses in Zabern schmückten, nach Hoh= Barr geflüchtet und begraben haben. Die Stelle ist in Vergessenheit gerathen, so daß der rechtmäßige Eigenthümer seinen Schatz nicht wieder an sich hat nehmen können. Wer Hoh=Barr am Tage besucht, findet eine prachtvolle Aussicht und ausgedehnte Ruinen, die mit den Felsen verwachsen zu sein scheinen. Ein Theil der Umfassungsmauer und der fünfeckige Schloßthurm sind gut erhalten. In einer romanischen Kapelle rechts vom Eingange wird zuweilen noch Messe gelesen.

Die beiden Schlösser Geroldseck gehörten den Grafen dieses Namens, deren Besitzungen von der Grafschaft Barr bis zum Sundgau reichten. Ihre zahlreichen Schlösser in Elsaß und in Lothringen galten für die reichsten des Landes. Am Ende des 14. Jahrhunderts erlosch dieses stolze Geschlecht und ihre Besitzungen gingen in verschiedene Hände über. Der Weg von Hoh=Barr nach Groß=Gerolsdeck führt auf der Höhe eines Berges hin, wo man immer rechts das Zornthal und links die elsässische Ebene überblickt. Zu den Ruinen der Burg gehört der viereckige Schloß= thurm, der vor etwa 150 Jahren vom Blitz stark beschädigt wurde. In seinem untern Theile enthält er einen merkwürdigen Rittersaal, der neuer= dings gereinigt worden ist. In dieses Schloß sind mehrere alte deutsche Helden gebannt, Ariovist, Hermann der Cherusker, Wittekind und der hörnerne Siegfried. Man sieht sie zu gewissen Zeiten des Jahrs und wenn die Deutschen einmal in höchsten Nöthen und am Untergang sind, werden sie zur Hülfe erscheinen. Klein=Gerolsdeck liegt zehn Minuten von dieser Burg entfernt und ziemlich in gleicher Linie mit ihr. Ihre Reste beschränken sich auf einen viereckigen Thurm und auf eine Warte, die eine Ecke der Mauer gebildet zu haben scheint.

Die reiche Umgegend von Zabern besitzt in der Nähe noch mehrere schöne Punkte. Ein lohnender Gang ist der zu der Burg Greifen= stein und zur St. Veits=Kapelle. Die Ruinen der Burg, zwei im Walde halb versteckte Thürme, scheinen Theile eines einzigen, von einer Umfassungsmauer umgebenen Schlosses gewesen zu sein. Die kaum eine halbe Stunde vom Greifenstein entfernte St. Veits=Kapelle ist eine große Grotte in einem ungeheuren Felsen, der zweihundert Meter über das Thal aufsteigt. Der von einen hölzernen Gitter verschlossene Ein= gang bildet ein natürliches romanisches Gewölbe und läßt einen beschei= denen hölzernen Altar sichtbar werden. Dieser ist mit Vasen und be= malten Gypsfiguren geschmückt und vor ihm stehen grotteske Figuren von Eisen, die Kröten vorstellen. Der sogenannte Veits=Tanz hat diese Kapelle in Ruf gebracht. Im Jahre 1418 brach diese eigenthümliche und hef= tige Nervenkrankheit im Elsaß zum ersten Male aus und kehrte genau nach hundert Jahren wieder. Kleinlawel's Reimchronik von Straßburg beschreibt den Veitstanz richtig so:

Ein Seltzam sucht ist zu der Zeit
Vnder dem Volck umb gangen,
Dan viel Leut auß Vnsinnigkeit
Zu Dantzen angefangen,
Welches sie allzeit Tag vnd Nacht
Ohn unter laß getrieben,
Biß das sie fielen in ohnmacht,
Viel sind Todt drüber blieben.

Der Rath von Straßburg öffnete den Kranken einige Säle, damit sie darin ihre Lust bequemer büßen könnten. Sodann führte man sie auf großen Wagen nach der St. Veits=Kapelle bei Zabern. Hier tanzten sie um den Altar und erwarteten davon ihre Heilung. Hysterische oder unfruchtbare Frauen opferten dem heiligen Veit eiserne Kröten. Cardi= nal Rohan verbot dies Darbringen von Gaben, aber es dauert noch am heutigen Tage fort. Eine Wallfahrt zur Kapelle gilt für das wirksamste Mittel gegen die fallende Sucht, vorausgesetzt, daß der Pilgerstab, den der Kranke am Wege stehen läßt, von einem Andern weggenommen werde. Thut das Jemand, so nimmt er die fallende Sucht zugleich mit weg. Unter großem Zulauf von Menschen wird in der St. Veits=Ka= pelle an jedem ersten Sonntag im Mai Messe gelesen.

Die populärste Merkwürdigkeit der Landschaft bei Zabern ist der Karls=Sprung. Auf der Berghöhe der Zaberner Steige, unweit der Grenze zwischen dem Elsaß und Lothringen, befindet sich ein steiler Fels mit einer Grotte. Er liegt wohl sechszig Fuß über der tiefen Schlucht des Schlittenbach=Thals. Seinen Namen hat er von einem Prinzen Karl von Lothringen, welcher in der Hitze des Jagens mit seinem Pferde über den Fels hinabgesprungen und unverletzt im tiefen Abgrunde angekommen ist. Noch zeigt man im Gestein die Spuren der Hufeisen des Pferdes und erneuert sie von Zeit zu Zeit, damit ein sichtbares Zeugniß für die Wahrheit der Erzählung vom Karl-Sprunge erhalten bleibe. Ein junger Bürger von Zabern ist minder glücklich als der lothringische Prinz gewesen. Aus der Fremde heimgekehrt, will er am ersten Abend der berühmten Stelle einen Besuch machen, kommt in der Dämmerung des kurzen Decembertags dem Abgrund zu nahe, stürzt in die Schlucht herunter und ist augenblicklich todt.

Unter dem Kalssprunge führt ein Weg hin, der zur Zaberner Steige gehört. Eine Inschrift sagt, daß er im Jahre des Herrn 1616 zum ersten Male geöffnet worden sei, indessen existirt er bereits seit 1427 und wurde in dem oben genannten Jahre blos ausgebessert. Auf Goethe machte er einen tiefen Eindruck. „Von der aufgehenden Sonne beschienen," lautet seine Schilderung, „erhob sich vor uns die berühmte Zaberner Steige, ein Werk von unüberdenklicher Arbeit. Schlangenweise, über die fürchterlichsten Felsen aufgemauert führt eine Chaussee für drei Wagen neben einander breit genug, so leise bergauf, daß man es kaum empfindet. Die Härte und Glätte des Wegs, die geplatteten Erhöhungen an beiden Seiten für die Fußgänger, die steinernen Rinnen zum Ableiten der Bergwasser, alles ist so reinlich als künstlich und dauerhaft hergerichtet, daß es einen genügenden Anblick gewährt."

Von der Zaberner Steige führt ein Seitenweg nach St. Johann und zur St. Michaels-Kapelle. Die Kirche, neben der ein Dorf entstanden ist, gehörte ursprünglich dem St. Georgs-Kloster im Schwarzwalde. Später wurde St. Johann eine Benediktiner-Abtei, die sich bis zur Revolution erhielt. Die im byzantinischen Styl erbaute Kirche gilt für eine der ältesten im Elsaß. Sie hat drei lange Schiffe, deren Gewölbe auf viereckigen Pfeilern ruhen und von denen jedes in eine Kapelle ausläuft. Die drei Fenster der Hauptkapelle sind elegant ausgeführt, namentlich das mittelste, das von gerieften Säulchen eingefaßt wird und über dem ein merkwürdiges Bildwerk, das Lamm der Auferstehung darstellend, angebracht ist. Die St. Michaelskapelle ist ebenfalls sehr alt und war vordem ein Wallfahrtsort, zu dem Pilger aus Deutschland, Frankreich und der Schweiz zogen. In einiger Entfernung von ihr befindet sich in der Felsenplatte, auf der sie steht, eine kreisförmige Vertiefung von vierzehn Fuß im Durchmesser und einem bis zwei Fuß Tiefe. Manche erklären sie für einen Druidenkreis, nach Anderen wurde sie als Ruheplatz für die Pilger ausgegraben. Unter dieser Platte ist eine Höhle, in welcher sich früher Einsiedler aufhielten. Seit der letzte vor mehr als neunzig Jahren im Walde ermordet wurde, steht die Höhle leer. (Stöber, die Sagen des Elsasses).

Südlich und nördlich von Zabern liegen zwei größere Orte, Buchsweiler nördlich, Mauermünster südlich. Buchsweiler, eine hübsche Stadt mit fast viertausend Einwohnern, wird durch den Bastberg, an dessen Fuß sie liegt, mit den Stoffen für ihre Hauptindustrie versorgt. Diese besteht in der Herstellung von Alaun, Vitriol und verschiedenen anderen chemischen Waaren, die im Handel sehr geschätzt sind und im jährlichen Umsatz eine Million Franken einbringen. Siebenundzwanzig reichsprudelnde Quellen versorgen die Stadt mit dem besten Wasser. Eine derselben, der Lure=Serri (vom heiligen Ludogarius) genannt, setzt oft lange aus. Er= scheint sie, so füllen sich alle Brunnen schnell mit Wasser, und sie wird darum mit Sehnsucht erwartet. Sie soll oft fremde, unbekannte Blätter mit sich führen, so daß der Volksglaube sie mit hohen südlichen Gebirgen in Verbindung bringt. Auf dem Bastberge muß früher ein Druiden= kultus stattgefunden haben. Nicht blos seine dazu geeignete Lage und die Beschaffenheit seines höchsten Gipfels unterstützen diese Vermuthung, son= dern auch der Umstand weist darauf hin, daß man ihn im ganzen Unter= lande zum Versammlungsorte der Hexen macht. Die auf den Bastberg und seine Umgegend bezüglichen Sagen nehmen in Stöber's schönem Sagenbuche zwanzig Seiten ein. Straßburg allein übertrifft diese Gegend an Sagen= reichthum. Im Moderer Wald bei Buchsweiler treibt der wilde Jäger sein Wesen. Mit wildem Geschrei und Gebrause fährt er von Norden her über die Wipfel der Bäume und läßt seine Thiere an einer niedern Stelle grasen. Mitten im Toben der wilden Jagd hört der einsame Wanderer sich oft beim Namen rufen. Er darf darauf nicht antworten, sonst ergreifen ihn die wilden Gewalten und jagen ihn die ganze Nacht im Walde umher.

Auf geschichtlichem Grunde ruht die Buchsweiler Sage von der bösen Bärbel. Graf Jakob von Lichtenberg mit dem Bart hatte die schöne Barbara aus Ottenheim im Lande Baden als Kebsweib zu sich auf sein Schloß genommen. Sie wurde frech und übermüthig, ließ die armen Leute ohne Lohn und Kost zwei Tage in jeder Woche für sich frohnden und verpflichtete jede Hausfrau zu Garnlieferungen. Sie stei= gerte ihre Erpressungen zuletzt so, daß ein Aufstand ausbrach, bei dem besonders die Weiber sich betheiligten und der deßhalb der Buchsweiler Weiberkrieg heißt. Graf Jakob mußte die böse Bärbel entfernen, und sie zog nach Hagenau, wo sie als Hexe auf dem Scheiterhaufen endete.

Am Buchsweiler Jahrmarkte regnet es gewöhnlich. Es ist eine Strafe des Himmels, daß den Handelsleuten des Orts ihr Geschäft auf diese Weise verdorben wird. Vor etwa hundert Jahren verschwand in einem Bürgerhause ein silberner Löffel. Eine Dienstmagd des Hauses wurde des Diebstahls angeklagt und trotz aller Betheuerungen ihrer Un= schuld zum Tode am Galgen verurtheilt. Um das Beispiel zu einem recht abschreckenden zu machen, wählte man den Jahrmarktstag zur Voll=

ziehung der Strafe. Der Himmel war wolkenleer, aber kaum hatte die Magd geendet, so begann es zu regnen. Bei den nächsten Jahrmärkten war immer, wie noch heutigen Tags, schlechtes Wetter, und man erkannte den Grund, als man den vermißten Löffel unter einem Dachziegel fand, wohin eine Elster ihn getragen hatte.

Mauermünster, der zweite größere Ort in der Nähe von Zabern, hat sich um eines der ältesten und berühmtesten Klöster des Elsasses gebildet. Gegen das Jahr 600 von einem Schüler des heiligen Colomban gegründet, erhielt es vom König Childebert II. beträchtliche Schenkungen. Seinen Namen Mauermünster, Mauri Monasterium, hat es von einem Abt Maurus, der es nach einem Brande neu gebaut hat. Die Abteikirche besitzt Gebäudetheile aus dem elften, zwölften und vierzehnten Jahrhundert. Romanisch-byzantinisch ist der Styl der schönen Façade, die sich in zwei Stockwerken erhebt und unter deren kleinen Arkaden ein mit Säulen geschmückter Eingang sich öffnet. Zwei Treppenthüren fassen den Porticus ein und hinter ihnen erhebt sich der von großen Bogen getragene Glockenthurm. Das Innere ist gothisch und im vorigen Jahrhundert in demselben Styl glücklich restaurirt worden. Das nahe Rheinhardsmünster hält Klein für den Schauplatz der Sage, die Schiller in seinem Gang nach dem Eisenhammer verherrlicht hat. Die Ueberlieferung bezeichnet einen bei dem Orte liegenden Hammer als den, zu dem Fridolin von dem eifersüchtigen Grafen geschickt wurde.

Bei Lützelburg nähert sich die Eisenbahn den Vogesen, welche sie mit sechs Tunneln durchschneidet. Der beträchtlichste, der Tunnel von Hammarting, hat eine Länge von 2678 Metern. Diese Gegend gehört zu den schönsten der Vogesen und bietet in ihren Buchen-, Tannen- und Eichenwäldern, aus denen die Massen rother Sandsteinfelsen aufsteigen, höchst pittoreske Ansichten. Ueber dem Orte Lützelburg befinden sich die weithin sichtbaren Trümmer der alten Burg gleichen Namens, die zu Anfang des zwölften Jahrhunderts gebaut und 1523 von Franz von Sickingen zerstört wurde. Im Craufthale hat man die seltsamen Felsenbildungen zu Wohnungen benutzt. Der Weiler Craufthal, der zur Gemeinde Eschburg gehört, hat arme Bewohner. Ein Theil derselben hat seine Hütten an eine zweihundert Fuß hohe Felsmauer angelehnt, ein anderer in das Gestein hinein gebaut. Der natürliche Felsen bildet drei mehr oder weniger unregelmäßige Seiten der Wohnung, die vierte, die Vordermauer, hat der Hausbesitzer errichtet und mit einer Thür und Fenstern versehen. Der Rauch zieht durch ein Loch in der Decke ab, vor den Schwellen der Häuser zieht sich eine Felsleiste hin, die man als Straße oder auch als Altan betrachten kann.

Ein größerer Ausflug, der von Lützelburg oft gemacht wird, gilt dem Besuch von Pfalzburg, Lützelstein, Neuweiler und dem Dago-Gebirg.

Pfalzburg, jetzt eine Stadt mit fast viertausend Einwohnern und eine Festung dritter Klasse, war vor dem sechszehnten Jahrhundert blos ein Dorf mit einer Burg darüber. Die Pfalzgrafen vom Rhein bauten sich hier ein Schloß und Vauban verwandelte die alten Werke in die heutigen Befestigungen. Die Festung liegt am Eingang des Vogesenpasses, durch den die alte Straße von Straßburg nach Paris führt. In den Kriegen von 1814 und 1815 wurde sie blos eingeschlossen gehalten. Sie hat zwei Thore, das französische und das deutsche genannt, die beide im Styl der Militär-Architektur des siebzehnten Jahrhunderts gehalten sind. In der Nähe des deutschen Thores liegt der große und auf einer Seite mit Bäumen bepflanzte Lobau-Platz. In der Mitte steht auf einem Piede-stal von weißem Marmor die bronzene Bildsäule des Marschals Lobau, der in Pfalzburg geboren ist. Eine zweite Berühmtheit des Orts, aller-dings materiellster Art, ist sein Kirschwasser, das eines europäischen Rufes genießt.

Lützelstein (La Petite Pierre) ist ein kleiner, von etwa tausend Menschen bewohnter Ort auf dem Vogesen-Kamm und von den schönsten Buchen- und Eichenwäldern umgeben. Die Grafen von Lützelstein star-ben in der Mitte des funfzehnten Jahrhunderts aus und wurden von den rheinischen Pfalzgrafen beerbt, denen wieder die Fürsten von Birken-feld und Sulzbach im Besitz folgten. Als Lützelstein von Ludwig XIV. weggenommen worden war, baute Turenne an der Stelle des alten Schlosses eine Schanze, die durch das jetzige Fort ersetzt worden ist. Das-selbe liegt auf dem Altenberg und in halber Höhe des Felsens, der sich im Süden der Stadt erhebt. Die Außenwerke sind in den Felsen ein-gehauen und stützen sich hie und da auf dicke Mauern. Im Innern des Forts befindet sich eine tiefe Cisterne, die wegen ihrer merkwürdigen Arbeit sehenswerth ist. Die Ehre einer Belagerung ist Lützelburg nie widerfahren, da der Weg nach Saargemünd und Hagenau, den es be-herrscht, keine militärische Bedeutung hat.

Neuweiler muß im Mittelalter einen höchst pittoresken Anblick gewährt haben, als seine von einem tiefen Graben umgebenen und mit zehn Thürmen geschmückten Mauern noch standen und in der Stadt die ebenfalls befestigte Benediktinerabtei, eine Gründung des achten Jahr-hunderts, wie eine Citadelle aufragte. Durch die Bauern, die 1525 stürmend eindrangen, durch ihren Besieger Graf Salm und durch die Horden des dreißigjährigen Kriegs ist Neuweiler seines Glanzes beraubt worden und seitdem ein unbedeutendes Städtchen geblieben, in dem zur Zeit funfzehnhundert Menschen wohnen. Seine beiden Gotteshäuser, die St. Adolphs-Kirche und die Peters- und Paulskirche, sind die einzigen Zeugen seiner bessern Vergangenheit. St. Adolph, die protestantische Kirche, stammt aus dem zwölften Jahrhundert und aus der Periode des

Uebergangs vom romanischen zum gothischen Styl. Das Chor ist vor einigen Jahren wegen seiner Baufälligkeit eingerissen worden und es existirt gegenwärtig blos noch das Langhaus mit seinen Nebenschiffen. Viereckige massive Pfeiler, die am Gewölbe in Spitzbögen von strengem Charakter auslaufen, trennen diese Gebäudetheile. In allen architekto= nischen Linien herrscht eine puritanische Einfachheit. Die große Kirchen= thür, deren runde Wölbung von einem byzantinischen Rosenfenster über= ragt wird, fassen zwei Thürme ein, die lange in der Höhe des Kirchen= daches geendet haben und erst in neuester Zeit mit einem Oberbau versehen worden sind.

Die Peter= und Paulskirche ist theils im zwölften, theils im dreizehnten Jahrhundert gebaut worden. Dem zwölften Jahrhundert ge= hört eine Seitenthür an, deren Ornamentik durch Reichthum und Zart= heit auffällt. Die Steinmetzarbeiten des Langhauses sind ganz im Styl des Straßburger Münsters ausgeführt und auch die Bildsäulen der Apostel Peter und Paul lassen sich als wahrhaft schöne Werke bezeichnen. Im Archiv der Kirche befinden sich schöne Tapeten aus dem funfzehnten Jahrhundert, Bildwerke, Gemälde, Handschriften, Incunabeln und ver= schiedene höchst interessante Alterthümer.

Die an das Chor angrenzende St. Sebastians=Kapelle ist ein merkwürdiges Werk aus der Epoche der Carolinger. Sie baut sich in zwei Stockwerken auf. Das unterste ist gewölbt und bildet eine Krypte, die der heiligen Katharina geweiht war. Man steigt auf einer Treppe hinunter, die vom Kirchenchor im Osten abwärts führt. In der Mitte befindet sich ein Wasserbecken, in dem die Neubekehrten unter Anrufung des Täufers Johannes durch Untertauchen getauft wurden. Die Se= bastians=Kapelle liegt über der Krypte und wird durch Säulen, auf denen Rundbogengewölbe ruhen, in drei Gänge getheilt, von denen jeder, dem alten Gebrauch entsprechend, im Osten in eine halbkreisförmige und völlig schmucklose Absis ausläuft. Jedes Kapitäl und jede Basis der einzelnen Säulen stellt phantastische und bizarre Thiere dar, die im Maule Gewinde oder biegsame Zweige halten, deren Blätter sich in tausenderlei Art um ihren Körper schlingen. Diese Kapelle schmückt ein Glasgemälde aus dem zwölften Jahrhundert, das den Märtyrer Timotheus darstellt. Ein präch= tiges Altarblatt mit Flügeln stellt in mehreren Bildern den Märtyrertod des heiligen Sebastian dar und enthält in seinen unteren Theilen eine Passion, die von einem Schüler Holbein's oder Albrecht Dürer's gemalt zu sein scheint.

An römischen und keltischen Alterthümern reich ist das Dachs= burger Land, zu dem der Berg Dabo gehört. Es ist durchaus ge= birgig und wird von Stöber Freunden wildromantischer Gegenden zur Durchwanderung empfohlen. In den dichten Waldungen bemerkt man

hie und da Mauerreste, keltische Grabhügel, so wie Felsstücke, welche
ebenfalls auf den keltischen Kultus hinweisen. Außer der Druidenkanzel
und der Frohnkanzel gehört dazu die Spindel, ein Felsstück, in der Mitte
dicker, als an den Enden. Das Wodenthal ist gewiß nach dem deutschen
Wodan benannt worden. An den hohen Felsen, die das Thal einengen,
hat man große eiserne Ringe gefunden, „an denen die reichen Kaufleute,
wenn sie durch das Wodenthal gefahren, sind, ihre Schiffe befestigt haben."

Die alten Grafen von Dachsburg=Egisheim bewohnten ein Schloß,
welches auch das St. Leoberger Schloß hieß, da aller Wahrscheinlichkeit
nach Papst Leo IX., ein Mitglied ihrer Familie, hier geboren wurde.
Im dreißigjährigen Kriege war es verlassen worden und diente seitdem
herumstreifendem Gesindel zu zeitweiligem Aufenthalt. Während des Krie=
ges von 1677 schickten die Franzosen Truppen aus, um das Schloß zu
besetzen. Allein bei ihrer Annäherung zogen sich Wilddiebe in dasselbe
und erwehrten sich der ersten Angriffe glücklich. Ihr Erfolg machte sie so
übermüthig, daß sie eine todte Ziege auf den Feind herabwarfen. Sie
hatten dem Thier eine Spindel zwischen die Vorderfüße gebunden und
folgenden Reim hineingeschoben:

> So wenig Ihr die Gais lehrt spinnen,
> So wenig werdet Ihr Dachsburg gewinnen.

Durch diesen Spott gereizt, gingen die Franzosen ernster vor und
eroberten die Burg, um sie gleich dem östlicher liegenden und älteren
Grafenschloß gründlich zu zerstören.

Wir folgen der Eisenbahn, die wir bei Lützelburg zu unsern Aus=
flügen verließen, von dem letztern Orte weiter, bis Kaufmann=Saar=
brücken (Saarburg). Diese Stadt, die wenig über 3000 Einwohner
hat, liegt an der Saar. Ein Basrelief mit einer Darstellung des Apollo,
eine kleine Reiterstatue, goldene und silberne Münzen aus der Kaiserzeit
und andere antike Gegenstände, die in der Umgegend gefunden worden
sind, bekunden seinen alten Ursprung. Im dreizehnten Jahrhundert
hatten die Lombarden hier ein Bankhaus gegründet, welches dem Handel
zwischen Frankreich und Deutschland diente, und daher stammt der Name
Kaufmann=Saarbrücken. In neuester Zeit hat die Stadt sich gehoben
und besitzt außer großen Magazinen für die Armee eine Glockengießerei,
chemische Fabriken und andere gewerbliche Anstalten mehr. Die alten
Befestigungen sind bis auf unbedeutende Reste verschwunden, von dem
Schlosse existiren noch ein Bogengang und ein halbverfallener Thurm.
In der Stadtkirche bemerkt man gothische Chorstühle, die mit grinsenden
Mönchen und Affen geschmückt sind, und eine schöne Kanzel von geschnitz=
tem Eichenholz. Einige Straßen erhalten durch Häuser mit vorspringen=
dem Giebel und mit Wendeltreppen einen alterthümlichen Charakter.

Die Poststraße von Kaufmann=Saarbrücken nach Saargemünd be=
rührt zunächst Finstingen (Fénétrange), das an der Saar liegt und
eine anmuthige Umgegend hat. In der Nähe befindet sich der Teich von
Steck, der mehr als eine Meile Umfang hat und sehr fischreich ist. Wei=
terhin folgt Bockenheim (Saar=Union), das mit Neusaarwerden
durch eine schöne Brücke verbunden ist. Die direkte Straße nach Saar=
gemünd besitzt weiterhin keine Merkwürdigkeiten und wir schlagen daher
einen Seitenweg ein, der nach Saaralben und Püttlingen (Puttelange)
führt. Saaralben, von etwa 3000 Menschen bewohnt und in schö=
nen Wiesen zwischen der Saar und Albe gelegen, war im zwölften Jahr=
hundert ein Lehn des Bisthums Metz und gehörte den Grafen Dachs=
burg. Als diese ausstarben, wurde die Stadt bischöflich und ging schließ=
lich an die Herzöge von Lothringen über. Saaralben ist wegen seiner
sehr wichtigen Salinen berühmt. Es existiren deren drei, von denen die
wichtigste die von Salzbronn ist. Sie liefern jährlich 120,000 Centner
Salz und beschäftigen etwa 150 Arbeiter. Sie wurden bereits im zwölf=
ten Jahrhundert ausgebeutet, und aus jener Zeit ist noch ein Werk vor=
handen. Ein Kanal begünstigt den Verkehr der Stadt, unter deren ge=
werblichen Anstalten eine Strohhutfabrik mit mehr als 1200 Arbeitern
besondere Erwähnung verdient. Außerdem werden Schwefelsäure und
Stahl geliefert und auch die Färbereien sind von Bedeutung. Pütt=
lingen (2,300 Einwohner) hebt sich durch eine große Plüschfabrik
rühmlich hervor. Seine Märkte werden von der ganzen Umgegend stark
besucht.

Indem wir uns zur Eisenbahn zurückbegeben, betreten wir bald ein
Gebiet, in dem die Sprachen sich mischen. Der wichtigste Ort desselben
ist Dieuze, wohin eine Seitenbahn führt. Sein heutiger französischer
Name wurde früher von dem römischen Dezem Pagi abgeleitet, doch ist
neuerdings wahrscheinlich gemacht worden, daß der sogenannte römische
Ort an der Stelle des nahen Dorfes Tarquimpol gestanden hat. Dieuze
war allerdings auch ein römischer Platz, der wahrscheinlich von Attila ver=
wüstet wurde und erst in einer Urkunde vom Jahre 633 wieder vor=
kommt. Im Mittelalter gehörte es zu den kleinen befestigten Städten
Lothringens und hatte durch Kriege besonders viel zu leiden, da seine
Salinen, die für sich befestigt waren, viele Liebhaber fanden. Diese Sa=
linen nehmen eine Fläche von 263,000 Meter Geviert ein und liefern
nicht blos Salz, sondern auch Schwefelsäure und andere chemische Pro=
dukte. Man schätzt den jährlichen Umsatz, den sie machen, auf mehr als
fünf Millionen Franken. In ihren Magazinen können 190,000 Centner
Salz und 10,000 Centner chemische Produkte lagern. Früher wurden
sie theils von der lothring'schen theils von der französischen Regierung
entweder direkt verwaltet oder verpachtet. Im Jahre 1842 verkaufte sie

der Staat und seitdem sind sie in den Händen einer Gesellschaft zu der heutigen Blüthe gelangt.

In drei bis vier Stunden gelangt man von Dieuze zu den Teichen von Lindre und nach Tarquimpol. Diese Teiche liefern unter allen französischen die meisten Fische und bedecken, zusammen neun an der Zahl, eine Fläche von 956 Hektaren. Der große Teich umfaßt 671 Hektaren und hat eine mittlere Tiefe von drei Metern. Mehrere Bäche und zahlreiche Quellen, die auf seinem Boden entspringen nähren ihn. Von seinen beiden Abflüssen wird die Seille gebildet. Bei einer Belagerung Dieuze's im 17. Jahrhundert ließ der Befehlshaber der Stadt die Dämme durchstechen, und das Wasser ergoß sich in solcher Menge über die Felder, daß der Feind zum Abzuge gezwungen war.

Der Damm des großen Teichs führt zu dem Dorfe Tarquimpol, das in alten Zeiten ein berühmter römischer Ort gewesen ist. Die große Straße von Straßburg nach Metz führt vorüber, und so empfahl sich für die Römer die Anlage einer befestigten Stadt, zu der auch die Fruchtbarkeit der Umgegend ermunterte. Die an den Rhein ziehenden Legionen konnten hier rasten und von hier wurden ihnen Lebensmittel und andere Bedürfnisse nachgeschickt.

Hart an der Grenze des gemischten Sprachgebiets liegt Marsal. Diese Festung dritter Klasse erhebt sich mitten in sumpfigen Wiesen, in denen zahlreiche salzige Quellen entspringen, und wird von der Seille bespült. Ein merkwürdiges Werk, das wir gleich beschreiben werden, weist dem Orte einen Ursprung in der gallisch-römischen Zeit an. Nachdem er zuerst in dem Besitz der Bischöfe von Metz gewesen war, ging er an die Herzöge von Lothringen über, die ihn am Ende des 17. Jahrhunderts unter dem Vorbehalt gewisser Rechte an Frankreich verkauften. Die alten Befestigungen wurden in Folge von verschiedenen Belagerungen, die Marsal zu bestehen hatte, mehrmals zerstört und wieder aufgebaut. Ihre jetzige Gestalt erhielten sie in den letzten Jahren des 17. Jahrhunderts. Früher existirten Salzwerke, die ein sehr großes Alter gehabt zu haben scheinen, aber vor länger als zwei Jahrhunderten aufgegeben wurden.

Die aufgefundenen Spuren einer Römerstraße sprechen nicht so deutlich für das Alter von Marsal, als ein merkwürdiges Ueberbleibsel, welches unter dem Namen des Ziegelwerks der Seille bekannt ist. Dasselbe besteht aus einer Art von künstlichem Boden, der auf dem sumpfigen und unsichern Theile der Seille liegt. Man kann das Ziegelwerk eine ungeheure Bettung nennen, bestehend aus Thonstücken, die man mit der Hand geknetet hat, ehe sie dem Feuer ausgesetzt wurden. Diese so grob ausgeführten Thonziegel, daß man noch die Eindrücke der Finger wahrnimmt, sind in ungeheuren Massen auf die Ufer des Flusses geworfen worden, ohne daß man sie mit Mörtel verbunden hat. Trotzdem bilden sie eine Grundlage von so außerordentlicher Festigkeit, daß die Römer große Bauten auf sie haben stützen können, wie sie denn auch noch heute die Unterlage für die Mauern von Marsal bilden. Den Ueberresten ähnlicher Werke begegnet man in vier nahe liegenden Orten, und man darf wohl annehmen, daß sie eine Länge von beinahe drei deutschen Meilen gehabt haben. In Marsal allein nimmt das Ziegelwerk eine Oberfläche von 372,450 Metern im Geviert ein.

Wir müssen uns noch eine Strecke in das rein französische Sprach= gebiet hinein begeben, weil die nächsten hier liegenden Orte nach einer Andeutung des Bundeskanzlers für uns in Anspruch genommen werden sollen. Es sind Mohenvic, Vic und Chateau=Salins. Mohenvic, jetzt ein Ort von nicht tausend Einwohnern, zählte früher zu den Städten und verdankte seine Entstehung und Entwickelung Salzquellen, die min= destens bereits im neunten Jahrhundert ausgebeutet wurden. Zuerst den Bischöfen von Toul lehnspflichtig, fiel es den Bischöfen von Metz zu, die es mit festen Mauern umzogen und einige Male verloren und wieder bekamen. Die Herzöge von Lothringen gaben ihm regelmäßige Werke, doch wurde die Festung wenige Jahre später von den Franzosen belagert und erobert. Sie blieb nun ihren neuen Herrn, welche die Werke schleif= ten, da sie durch die gleichzeitige Besitznahme von Marsal unnütz gewor= den war. Die Saline, die Jahrhunderte lang benutzt wurde, lag in Nordosten des Dorfes. Im Jahre 1843 wurde sie für 235,000 Franken an dieselbe Gesellschaft verkauft, welche ein Jahr früher Dieuze über= nommen hatte, und diese ließ das Werk eingehen, und alle Arbeiten in dem letztgenannten Orte zu concentriren.

Vic, jetzt ein Städtchen mit 2480 Einwohnern und schon im 12. Jahrhundert genannt, war der Hauptort der weltlichen Besitzungen des Bisthums Metz. Früher wirkten hier verschiedene fromme Brüderschaften, deren Gebäude gegenwärtig weltlichen Zwecken dienen. Zwei Kapellen werden unter Anderm als Scheunen benutzt. Von dem alten Schlosse haben sich einige wahrhaft schöne Reste erhalten. Auch hier gab es vor 1541 bedeutende Salinen, die zwei Jahre später für 466,000 Franken verkauft wurden.

Chateau Salins, von 2,300 Menschen bewohnt, hat eine an= genehme Lage in einem frischen Thal. Seinen Namen verdankt es theils Salinen, die im 14. Jahrhundert errichtet wurden, theils einem Schlosse, dessen Bau in dieselbe Zeit fällt. Seine Kirche datirt vom Jahre 1512. Außerdem giebt es keine historischen Monumente, als gewisse Spuren alter Befestigungen.

4. Von Saarbrücken nach Metz und Diedenhofen.

Wir folgen jetzt der Bahnlinie, auf der die französische Hauptarmee, als die Nachricht von der Niederlage bei Weißenburg eintraf, ihren schleunigen Rückzug nach Metz nahm, ohne die Benutzung der auf diesem Wege liegenden Defensivstellungen zu wagen. Forbach, wo die letzten ihrer abziehenden Divisionen eingeholt und geschlagen wurden, war bisher die letzte französische Station der Bahn und es wurden hier die Wagen gewechselt. Das Städtchen (5691 Einwohner) war vor Zeiten der Hauptort einer Herrschaft, die zu Anfang des achtzehnten Jahrhunderts zu einer Grafschaft erhoben wurde. Ein festes Schloß, von dem auf dem Schloßberge einige Spuren zu sehen sind, vertheidigte den Ort, neben dem Karl V., als er zu seiner unglücklichen Belagerung gegen Metz zog, ein Lager aufschlug. Zu den nahen Höhen gehören der Kreuzberg mit einer hübschen und pittoresken Kapelle, zu der gewallfahrtet wird, und der Kelschberg, auf dessen Gipfel man ein ausgedehntes Panorama vor sich hat, dessen Hintergrund die ferne Kette der Vogesen bildet. Der bedeutende Handel, den Forbach immer mit Bauholz, Brettern, Vieh und dergleichen getrieben hat, wird in neuester Zeit durch eine ausgedehnte Industrie unterstützt, die ihrerseits durch die Kohlenwerke von Schöneck und Stpring eine erhebliche Begünstigung findet. Stpring, vor zwanzig Jahren noch ein unbedeutender Weiler, ist durch die Herren von Wendel zu einem großen Dorfe mit 3300 Einwohnern geworden. Diese haben Eisenwerke errichtet, zu denen Hochöfen, Puddelwerke, Koksöfen und andere Anstalten gehören. Stpring liefert jährlich 106,900 Centner Gußeisen und 145,900 Centner Stabeisen und Stahl. Vier Dampfmaschinen von hundertzwanzig Pferdekraft jede, die in einer ungeheuren Halle von fünfunddreißig Metern Breite und zweihundert zwei Meter Länge stehen, verbrauchen jährlich vierzigtausend Tonnen Kohlen. Die Eigenthümer haben für ihre zahlreichen Arbeiter eine Gesellschaft zu gegenseitiger Unterstützung, eine Sparkasse und eine Schule gegründet und ihnen Arbeiterwohnungen gebaut. Hart hinter Stpring zieht die bisherige deutsche Grenze.

Bei Bening=Merlebach zweigt sich von der Hauptbahn ein Seitenstrang nach Saargemünd ab. Derselbe berührt keinen erwähnenswerthen Ort als Farschweiler, ein hoch gelegenes und von schönen Wäldern umgebenes Dorf, in dessen Nähe der Moderbach am Fuße eines Thurmes aus dem zwölften oder dreizehnten Jahrhundert entspringt, um sich, nachdem er ein reizendes Thal bewässert hat, in der Nähe von Saaralben mit der Saar zu vereinigen.

Auf der Hauptbahn nach Metz liegt zunächst Homburg, das zum Theil am Nessel, zum Theil auf einer steilen Höhe erbaut ist. Dieser letztere Stadttheil ist der älteste und trug früher eine Kirche und ein festes Schloß. Die Kirche, deren imposante Masse den Ort beherrscht, steht noch und hat einen schönen viereckigen Thurm und ein Chor, welches durch gothische Fenster mit kleeblattförmigem Maßwerk beleuchtet wird. Ebenfalls aus alter Zeit stammt eine reizende kleine Kapelle auf der Ostseite des Berges, die im reinsten Styl der zweiten Hälfte des 13. Jahrhunderts ausgeführt ist. Das Schloß wurde im vorigen Jahrhundert niedergerissen und man sieht jetzt nicht mehr viel von ihm als ein Thor. Homburg gewährt einen außerordentlich pittoresken Anblick und ist auch wegen eines Eisenwerks bemerkenswerth, das Eisen und Stahl in den Handel bringt.

Ein hübscher Weg führt im Nesselthal nach St. Avold, einer lachenden, sehr reinlichen und mit zahlreichen Quellen versehenen Stadt. Beherrscht wird sie vom Bleiberge, dessen Felsmassen Adern von schwefelhaltigem Bleierze einschließen, die früher ausgebeutet wurden, wie man an verlassenen Schachten und Stolln sieht. Jetzt schmücken den Bleiberg hübsche Gärten, die sich stufenweise an ihm emporziehen. St. Avold verdankt seinen Ursprung einer im achten Jahrhundert gegründeten Abtei, die den Namen St. Avold erhielt, als die Reliquien dieses Heiligen dahin gebracht wurden. Früher war die Stadt befestigt und spielte in den Kriegen zwischen den Herzögen von Lothringen und den Bischöfen von Metz eine wichtige Rolle. Die im Jahre 1740 gebaute Kirche besitzt zwei schöne Glasfenster von Marechal in Metz. In einem Gasthofe befindet sich ein großer Saal aus dem 16. Jahrhundert mit interessanten Wölbungen und Pfeilern, der jetzt als Stall dient. Die Gewerbthätigkeit ist nicht unbedeutend und auch eine eisenhaltige Quelle hilft den Wohlstand der Einwohner vermehren. Auf dem städtischen Gebiet sind verschiedene römische Alterthümer, namentlich Bildsäulen der Diana und der Minerva, aufgefunden worden. Prächtige Wälder bedecken die Umgegend und durch sie gelangt man nach Longeville, wo man eine sehr ausgedehnte Aussicht auf die Thäler der Nessel und der deutschen Nied hat. An der Stelle der alten Benediktiner-Abtei von Longeville steht jetzt ein schönes modernes Schloß mit einem Park. Ein steiler Hügel im Süden des Dorfes trägt die Reste einer mittelalterlichen Burg.

Die Grenze des gemischten Sprachgebiets bezeichnet Falkenberg, gebaut auf einer Halbinsel, welche die deutsche Nied bildet, indem sie den Ort auf drei Seiten einschließt. Sein Ursprung reicht weit zurück und es bildete lange eine eigene Herrschaft, vom 14. Jahrhundert an eine Grafschaft, deren Besitz von den Bischöfen von Metz an die Grafen von Fal=

kenberg und von diesen an die Herzöge von Lothringen überging. Fal=
kenberg hatte früher starke Mauern mit breiten Gräben und ein Schloß,
das von den Schweden erstürmt und gänzlich verwüstet wurde. Die
Stadtkirche ist ein charakterloser Bau, die alte dem heiligen Vicentius ge=
weihte Kirche wird blos noch als Kapelle benutzt. Ihr großes gothisches
Fenster aus dem 15. Jahrhundert hat man zugemauert. Das Rathhaus,
dessen Erdgeschoß gegenwärtig als Kornhalle dient, ist ein merkwürdiges
Gebäude aus dem 16. Jahrhundert. Eine zweite gefallene Größe, ganz
in der Nähe, ist Corhange, gegenwärtig ein kleines Dorf, früher aber
eine wichtige Burg, umschlossen von dreifachen Mauern mit Thürmen
und der Sitz einer Linie des erlauchten Hauses Lothringen.

Von Falkenberg gelangt man über Herny nach Remilly, das
an der Nied und im Mittelpunkte einer waldigen Gegend liegt. Das
Dorf ist in ganz Lothringen wegen der Reinlichkeit seiner Straßen und
der Eleganz seiner Gebäude berühmt. Es verdankt diesen Ruf der Fa=
milie Rolland, die ungemein viel für Verschönerungen gethan hat. August
Rolland, der berühmte Landschaftsmaler aus Metz, ist 1860 in Remilly
gestorben. Die Gebäude des Musterdorfes sind alle modern und be=
stehen aus einer Kirche in gothischem Styl, in einem Rathhaus in Ge=
schmack des 16. Jahrhunderts, in zwei Schulen, in einem pittoresken
Hause, das Hirtenhaus genannt, und in mehreren reizenden Villen, unter
denen die der Familie Rolland mitten in Gärten sich am schönsten dar=
stellt. Durch unsere Heere hat Remilly eine neue Merkwürdigkeit erhal=
ten. Wir meinen die Eisenbahn, die von hier nach Musselbrück hinüber=
geführt wurde, um Transporte nach Nanzig und Toul auf einem Schie=
nenwege, den die Festung Metz nicht beherrschte, bewerkstelligen zu können.
Der Soldatenwitz hat dieser Eisenbahn den Namen der Bahn des eisernen
Kreuzes beigelegt, weil jeder mit dem schönsten aller Orden geschmückt zu
werden verdiene, welcher seine gesunden Gliedmaßen dieser Bahn anver=
traue. In der That läßt sie an Solidität zu wünschen übrig, da sie
binnen vierzig Tagen gebaut worden ist, aber sie hat bis zur Uebergabe
von Metz die besten Dienste geleistet. Weiterhin bezeichnet Courcelles
die Stellung an der französischen Nied, von der man annahm, daß Na=
poleon III. sie zur Vertheidigung gegen unsere vordringenden Truppen
benutzen werde. Es befindet sich hier ein Schloß aus dem 17. Jahr=
hundert mit einem geräumigen Park. Das Schloß des nächsten Ortes
Peltre war 1814 eine Zeit lang das Generalquartier der Verbündeten
und ist seitdem in ein Nonnenkloster mit einer Erziehungsanstalt für
junge Mädchen umgewandelt worden. Ehe die Eisenbahn Metz erreicht
überschreitet sie die Seille mittelst eines merkwürdigen Viaducts und tritt
dann in eine Ebene ein, die nach dem Dorfe Sablon benannt wird.
Nach der Masse der hier gefundenen antiken Trümmer zu urtheilen, muß

die Ebene wichtige Römerbauten getragen haben. Jetzt wird sie von schönen Landhäusern und von Gärten geschmückt.

Metz, die Hauptstadt des Departements der Mosel, und von 54,817 Menschen bewohnt, hat einen weitreichenden Namen, welchem sie besonders den vielen großen Belagerungen verdankt, die an ihren Festungswerken zu nichte geworden sind. Ihren Namen leitet sie nicht von einem alten gallischen Volksstamm her, wie die französischen Gelehrten zu behaupten pflegen, sondern von der hübschen Dirne in ihrem Wappen. Der Name, gegenwärtig von so übelm Klang, hat im deutschen Alterthum auch blos ein kleines Mädchen bedeutet. „Die Metz ist eine Jungfer," kann man freilich jetzt nicht mehr sagen, nachdem unsere Truppen ihr den Kranz geraubt haben. Die Natur selbst hat die Lage als für eine Festung höchst geeignet bezeichnet. Metz liegt in dem Winkel, den der Zusammenfluß der Mosel und der Seille bildet, und zwar theils auf einem Hügel, der zwischen beiden Flüssen aufsteigt, theils an den Ufern derselben und an einem der lieblichsten Punkte des Moselbeckens. Das Thal dieses Flusses, das in dieser Gegend ziemlich breit wird, grenzt besonders auf dem linken Ufer an eine Reihe lachender Hügel, die an manchen Punkten einen pittoresken Charakter annehmen. Auf dem städtischen Gebiet theilt sich die Mosel in drei Arme, welche zwei Inseln bilden, von denen die größte sich über die Stadt hinaus fortsetzt, während die kleinere ganz mit Gebäuden und dem Spaziergange des sogenannten Liebesgartens besetzt ist. Die Seille theilt sich ebenfalls in zwei Arme und macht den östlichen Theil der Stadt zu einer Insel. Der eine Arm ist auf beiden Seiten so dicht mit Häusern bebaut, daß man sein Dasein nur bemerkt, wenn man eine der drei Brücken überschreitet. Als Mittelpunkt einer zahlreichen Besatzung und eines bedeutenden Handels, ist Metz ein sehr lebhafter Ort und gewährt, da es wie ein Amphitheater aufsteigt, manchen interessanten Anblick. Die Straßen sind unregelmäßig, aber sorgfältig gehalten, gut gepflastert und meistens mit Fußwegen versehen, die nur häufig zu schmal sind. Mit Ausnahme einiger in den letzten zwanzig Jahren gebauten Häuser, die einen großartigen Styl und zum Theil eine reiche Ornamentik haben, verrathen die Privatgebäude weder Charakter noch Eleganz. Spuren der alten deutschen Zeit sind noch genug vorhanden, aber die Bevölkerung ist fast ganz französisch geworden und der Gebrauch der deutschen Sprache selbst bei den untern Ständen zu einem sehr beschränkten geworden. Die Bevölkerung giebt sich dem Handel und den Gewerben hin und ist durch die Besatzung zu lange mit dem französischen Militärgeist bekannt gemacht worden, um ihn nicht ganz in sich aufzunehmen.

In der römischen Zeit gehörte Metz zu der großen belgischen Provinz. Die Eroberer Galliens machten es zu einer bedeutenden Stadt, die

die mit Monumenten der verschiedensten Art geschmückt wurde. Von
Attila verwüstet, wurde sie von einem der Söhne Chlodwigs zur Haupt=
stadt Austrasiens erhoben und fiel nach anderthalb Jahrhunderten Karl
dem Großen zu. Dieser Kaiser und sein Sohn Ludwig der Fromme
wohnten häufig in Metz. Der letztere hat in der Kirche der einst be=
rühmten Abtei St. Arnold sein Grab gefunden. Seit dem 11. Jahr=
hundert nahm Metz als freie Reichsstadt einen großen Aufschwung und
erwehrte sich glücklich aller Angriffe der Bischöfe auf seine Unabhängig=
keit. In diesem glücklichen Zustande blieb es fünf Jahrhunderte und
konnte sich an Macht, Reichthum und Glanz mit Frankfurt, Augsburg
und Aachen vergleichen. Diese Reichsstadt war mächtiger als mancher
Fürst und besaß in ihrer ersten Zeit 215 Städte, Dörfer und Weiler.
Durch die vielen reichen Bürger und Edelleute, die hier wohnten, ent=
stand ein großer Luxus. Freie Jahrmärkte verschafften der Stadt einen
in Frankreich und Deutschland wohlbekannten Namen. Hier sollen die
ersten öffentlichen Vorstellungen jener Mysterien stattgefunden haben,
welche zum Ausgangspunkte unserer heutigen Theater geworden sind.

Wie Metz verloren ging, haben wir in unserer geschichtlichen Ein=
leitung erzählt. Dort erwähnten wir auch der verunglückten Belagerung,
welche dem Kaiser Karl V., nachdem er sich auch gegen Magdeburg ohne
Erfolg versucht hatte, den Spottreim eintrug:

> Die Metz und die Magd
> Haben dem Kaiser den Tanz versagt.

Seit der französischen Besitznahme war es mit der Blüthe von Metz
auf lange Zeit vorbei. Viele Bürger wanderten aus, weil sie den Ver=
lust der alten reichsstädtischen Freiheit nicht verschmerzen konnten. Metz
nahm an Wohlstand immermehr ab, obgleich man ihm seine Münze ließ,
ihm ein Parlament gab und es zum Sitze der Militärverwaltung der
drei Bisthümer machte. In einen Festungsgürtel eingeschlossen und in
seinem Handel gehemmt, sah es seine Bevölkerung nach und nach von
60,000 auf 20,000 Menschen fallen. Unter den Besuchen französischer
Könige, die es erhielt, spielt der Ludwigs XV. eine gewisse geschichtliche
Rolle. Der sittenlose König erkrankte wegen seines Aufenthalts so schwer,
daß er den Vorstellungen seines Beichtvaters nachgab und die Herzogin
von Chateauroux, seine Maitresse, fortschickte. Die Dame konnte Paris
nur auf einem großen Umwege erreichen, da sie der Königin, die zu
ihrem kranken Gemahl eilte, nicht begegnen durfte (1744). Französische
Gesinnung ist erst mit der Revolution in Metz eingezogen. Seit jener
Zeit hat die Stadt, durch bessere Gesetze begünstigt an Bevölkerung und
Reichthum wieder zugenommen, wenn sie auch zu ihrer alten Bedeutung
in der reichsstädtischen Zeit nicht wieder gelangt ist.

Unter den berühmt gewordenen Männern von Metz herr=
schen die Generale vor. Mehrere der besten Feldherrn der Revolution
oder des ersten Kaiserreichs wurden hier geboren: Kellermann, der Held
von Valmy und von Marengo, Custine, Richepanse, Lasalle und Paix=
hans, der Erfinder einer neuen Art von Haubitzen. Einer der merk=
würdigsten Abenteurer des vorigen Jahrhunderts, Baron Theodor von
Neuhof, der als König über Korsika geherrscht hat und schließlich im
tiefsten Elend gestorben ist, stammt von Metz. Hier standen die Wiegen
des Naturforschers und Reisenden Baillant, des Luftschiffers Pilatre de
Rozier, der beiden Akademiker Lacretelle, des Mathematikers Poncelet,
der Schlosser Thiry und Hizette, deren Arbeiten wahre Kunstwerke sind,
der Revolutionsmänner Bouchotte und Barbé-Marbois, des Componisten
Ambroise Thomas, des Landschafters Rolland, den wir bereits genannt
haben und des berühmten Glasmalers Marechal.*)

Die große Industrie des Mosel-Departements arbeitet außerhalb der
Stadt und benutzt die letztere nur als Niederlage und als Speditions=
platz. Metz besitzt übrigens selbst bedeutende gewerbliche Anstalten,
namentlich zahlreiche Gerbereien, deren Leder das Haupterzeugniß des
Ortes ist. Die Glasmaler-Werkstätten Marechal's in der Nähe des Die=
denhofner Thors wird so leicht kein Fremder unbesucht lassen. Geschätzt
werden die Nadeln und Waffen, der Flanell, Seidenplüsch und Molten,
die Leinewand und das Segeltuch, die Hüte und künstlichen Blumen von Metz.
Die Fleischer liefern Artikel, die von den Franzosen denen der Stadt
Troyes gleichgestellt werden. In der Umgegend befinden sich außer be=
rühmten Baumschulen auch Obstgärten, mit deren eingekochten Früchten,
besonders mit den allgemein beliebten Mirabellen, Metz einen gewinn=
bringenden Handel betreibt. Die großen Artikel des Verkehrs der Stadt
sind nicht bloß die Erzeugnisse seiner eigenen Gewerbe, sondern mehr
noch Holz, Korn, Mehl, Häute, Eisen, Wein, Luxuspapier u. a. m.
Daß der Handel größtentheils nach Deutschland hingeht, dürfte viel da=
zu beitragen, die Einwohner, materialistisch wie die Franzosen nun ein=
mal sind, gegen die neue Herrschaft versöhnlicher zu stimmen.

Als großes Ausfallsthor Frankreichs gegen Deutschland hat Metz
Alles bekommen, was es für diesen Zweck geschickt macht. Es sind hier
immer so ungeheure Vorräthe von Waffen aufgehäuft gewesen, daß

*) Eine längere Liste Metzer Berühmtheiten findet man bei Adolphe Joanne,
Itineraire général de la France; Vosges et Ardennes (Paris). Der Ver=
fasser hat dieses zuverlässige Buch und Paul Huot, Des Vosges au Rhin,
(Paris), als die französischen Quellen zu bezeichnen, aus denen er vorzugsweise
geschöpft hat. Das Joanne'sche Werk ist auch als französischer Bädeker Reisenden
bestens zu empfehlen.

Steger, Elsaß.   6

150,000 Mann aus den Arsenalen sich haben versorgen können. Als Vorrathskammer ist Metz mit Magazinen für seine Besatzung und für ein von hier vordringendes Heer versehen worden. Die dortige Schule für Artillerie und Genie steht in großem Ruf, und es galt für einen Offizier dieser Waffengattungen für eine große Empfehlung, auf ihr ausgebildet worden zu sein. Die beiden Arsenale in der Citadelle und in der Guisenschanze, wie das Arsenal des Geniecorps, enthalten glänzend eingerichtete Werkstätten mit einer Menge von alten und neuen Maschinen für Krieg und Waffenverfertigung. Die Artillerieschule besitzt eine umfangreiche Sammlung von kriegsgeschichtlichen Gegenständen, zu deren Besichtigung Tage gehören.

Die Befestigungen, durch die Metz zu einer der stärksten Festungen der Welt gemacht wird, stammen aus verschiedenen Zeiten. Im fünfzehnten und sechszehnten Jahrhundert entstanden die ältesten Theile, das deutsche Thor, einige Thürme und die Guisenschanze. Die übrigen Befestigungen der eigentlichen Stadt haben Vauban und Cormontaigne aufgeführt. Vor den Festungsmauern ziehen sich Gräben, die von der Mosel und Seille gespeist werden und mit Schleusen versehen sind, durch welche die Umgegend weithin unter Wasser gesetzt werden kann. Zwei Forts gewähren im Osten und Westen Schutz. Im Westen liegt das Moselfort, auch Fort de la double Couronne genannt, das durch zwei Brücken mit der Stadt in Verbindung gebracht wird. Zwischen den letzteren zieht sich eine lange breite Straße und bildet eine Art von Vorstadt. Im Osten nimmt das Fort de Belle Croix eine völlig isolirte Stellung ein. Es krönt Höhen, von denen Metz beschossen werden könnte, und umschließt in seinem ungeheuren Umkreise nichts als eine Kaserne, eine bombenfeste Pulverkammer und einige untergeordnete Militärgebäude. Im Südosten stützt es sich auf ein minder umfangreiches, aber immerhin wichtiges Werk, das 1627 neugebaut worden ist und Kasematten für die Artillerie enthält. Dieses Werk ist das Fort Gisors, so genannt nach einem Sohne des Marschalls von Belle-Isle, der in Metz geboren und als junger Mann von dreiundzwanzig Jahren in einer Schlacht gefallen ist. Vervollständigt werden die Werke der Stadt durch die Redoute de la Paté, die nahe am linken Seille-Ufer und am Bahnhofe liegt, und durch die Halbmonde Chambière, Miollis, Rogniat und Montigny. Zu den Werken sind vier neue Forts gekommen, deren Bau erst vor zwei Jahren seinen Abschluß gefunden hat. Diese Forts, Mont St. Quentin, St. Julien, Queulen und des Carrieres verleihen der Festung den Charakter eines großen verschanzten Lagers.

Unter den Festungsbauten befinden sich zwei, die einen Kunstwerth haben. Das deutsche Thor, nach einer Inschrift 1445 vollendet, hat das Ansehn eines starken und von Thürmen eingefaßten Schlosses. In seinem

Innern ist ein langer Gang mit gothischen Bögen bemerkenswerth. Gegen dieses Thor, eines der interessantesten Muster mittelalterlicher Kriegsbau=kunst, hat Karl V. bei seiner verunglückten Belagerung den Hauptan=griff gerichtet. Das Citadellen=Thor zeichnet sich durch einen mächtigen gewölbten Durchgang aus und durch eine Brücke von seltener Kühnheit, die den Hauptgraben mit einem einzigen Bogen überspannt.

Zahlreich sind die alten Kirchen und Gebäude, die zum Theil ins zwölfte Jahrhundert zurückreichen. Alle überragt der stolze Dom, der an den Regensburger Dom erinnert, und mit seinem dreihundertfunfzig Fuß hohen durchbrochenen Thurm einen noch mächtigeren Eindruck macht als jener, da er auf einer Anhöhe steht. Gewissermaßen von allen Sei=ten offen, scheint dieser Bau den Stein nur als Zubehör der Fenster, die das Langhaus, den Transept und den Chor mit einer durchsichtigen Mauer umgeben, behandelt zu haben. Mag man den Dom von innen oder von außen betrachten, immer wird man von der ungeheuren Ent=wickelung seiner großen gothischen Bogenfenster überrascht werden. Um von der Größe dieser Fenster einen Begriff zu bekommen, braucht man nur zu wissen, daß sie eine Fläche von 4071 Meter im Geviert ein=nehmen. Die alten Glasgemälde hat Valentin Busch, ein Elsässer Künst=ler, zu Anfang des sechszehnten Jahrhunderts gemalt, die neuen sind von Marechal.

Obgleich im elften Jahrhundert schon begonnen, stammt der Dom in seiner heutigen Erscheinung aus dem dreizehnten bis sechszehnten Jahrhundert. Trotz dieser langen Dauer seiner Errichtung hat er den schönsten, einheitlichen Charakter und ist im Ganzen wie in seinen ein=zelnen Theilen leicht und elegant. Strebepfeiler, Thürmchen und Säulen fügen sich harmonisch ineinander. Disharmonisch wirkt blos das Haupt=portal, das ein Barbar Namens Blondel im Jahre 1765 auf Ludwigs XV. Befehl in dem damals grassirenden pseudogriechischen Styl an das herr=liche gothische Monument angeflickt hat. Das Niederreißen dieser Ver=unzierung wird hoffentlich bald erfolgen. Mit der Entfernung der kleinen niedrigen Häuser, die man zwischen die Strebepfeiler hineingebaut hatte, wurde bereits von der französischen Verwaltung begonnen.

Das Langhaus des Doms hat ungewöhnlich großartige Verhältnisse und kann jeden Vergleich mit den schönsten Werken der Gothik aushalten. Ein prächtiger Transept trennt es vom Chor, dessen hohe Spitzbogen von wunderbarer Eleganz sind. Um die Majestät dieses Langhauses recht hervortreten zu lassen, hat der Baumeister den Seitenschiffen eine auf=fallend geringe Breite und Höhe gegeben. An den Seiten des Lang=schiffes, deren Bogen in der Höhe des Gewölbes der beiden Seitenschiffe enden, läuft ringsum ein Umgang über dem die schönen Fenster mit ihrer reichen und zarten Ornamentik angebracht sind. Die schönsten

6*

Glasfenster, deren Ruf auch ein europäischer ist, sieht man im Chor. Die im Innern angebrachten Kunstwerke, Wandmalereien, Grabdenkmale, geschnitzten Kirchenstühle und Sculpturen haben theils bei den Religions= wirren, theils und hauptsächlich in der Zeit der Revolution ihren Unter= gang gefunden. Erhalten hat sich der Grauly, das Bild eines Drachen „eine ungeheuerliche Figur", wie Rabelais im Pantagruel sie nennt, „lächerlich, häßlich und blos den kleinen Kindern schrecklich, mit Augen größer als der Bauch, mit einem Kopf, größer als der ganze übrige Körper und mit einem großen und breiten Gebiß". Wie die Sage er= zählt, stellt das Bild einen lebendigen Drachen dar, der in einem alten Römerbau seine Wohnung aufgeschlagen hatte und so lange täglich zwei Einwohner verzehrte, bis St. Clement ihn besiegte und ersäufte.

Die Kirchen St. Vincent, St. Martin und die Templer= Kapelle können wir blos nennen, nachdem wir dem Dom so viel Raum gewidmet haben. Die alten interessanten Gebäude weltlichen Charakters vertheilen sich einzeln auf die Straßen und vereinigen sich nur an einem Punkte zu einem charakteristischen Ganzen. Der St. Louis=Platz, in der deutschen Zeit Wechsler=Platz genannt, wird von Bogengängen um= zogen, über denen sich Häuser erheben, die zum Theil von Zinnen ge= krönt werden und alterthümliche Fenster haben. Von den öffentlichen Gebäuden, die alle aus dem vorigen Jahrhundert oder aus dem Anfange des jetzigen stammen, ist nichts Rühmliches und von den beiden Bronze= Denkmalen der Stadt, Bildsäulen der Marschälle Fabert und Ney, nur Ungünstiges zu sagen.

Die öffentlichen Sammlungen der Stadt, eine Bibliothek, ein Mu= seum und mineralogische, geologische, ornithologische und zoologische Kabi= nette, sind in der alten Karmeliterkirche und im dazu gehörigen Kloster untergebracht. Die Bibliothek besitzt etwa 30,000 Bücher und 1157 Handschriften aus dem zehnten bis dreizehnten Jahrhundert. Zu den letzteren gehören zwei interessante lothringische Chroniken und mehrere andere, die wegen ihrer Arabesken und Miniaturen Beachtung finden. Der Bibliothek=Saal enthält auch eine Sammlung keltischer, römischer, lothringischer und reichsstädtischer Münzen. Im Vorhof der Bibliothek und in dem hinter dem Kloster liegenden Garten sind die in diesen Gegenden aufgefundenen Alterthümer, ein schöner Jupiterskopf, Altäre u. s. w. aufgestellt. Das Museum besitzt Gemälde von den alten Meistern Gabriel Metzu, David Teniers, Ostade, Murillo, Van Dyck, Rembrandt, Titian, Vos, Ribeira (von zweifelhafter Echtheit), Cuyp dem Aeltern und Salvator Rosa. Von hohem Werth ist ein Email, ein Por= trät Karls IX. Von neueren Meistern sind vertreten Joseph Bevort (ein Schiffbruch), August Rolland (Landschaften in Oel oder Pastell aus= geführt), Marechal (der Hirt) und Delacroix (der Weg nach Golgatha).

In der Stadt selbst bieten die Baumgänge auf den Inseln und längs der munter strömenden Flüsse, die schattigen Parks mit Springbrunnen und Wasserwerken die schönsten Spaziergänge. Der lohnendste Aussichts=punkt ist das Fenster am Ende des Saals im alten Karmeliterkloster, welcher die Mineraliensammlung enthält. Die weite herrliche Moselebene, eingefaßt von Waldhöhen und Rebenhügeln lockt zu Ausflügen in die Umgegend. Die meisten führen zu Punkten, deren Namen an deutsche Kriegsthaten der jüngsten Tage erinnern und sich unserm Gedächtniß unverlöschlich eingeprägt haben. Auf einem und demselben Gange be=rührt man Longeville, Moulins, Gravelotte, Rezonville und Mars la Tour. Nach Longeville, das am linken Ufer der Mosel und am Fuße des Mont Saint=Quentin liegt, pflegen die Metzer zu gehen, um die berühmten Fische zu essen. Moulins, an demselben Ufer gelegen, besitzt Fabriken und ein altes befestigtes Schloß. Vor dem Dorfe be=merkt man in den Wiesen eine große steinerne Brücke aus dem 14. Jahr=hundert. Sie führte einst über die Mosel, aber diese verließ 1614 nach einem Wolkenbruch ihr altes Bett und fließt jetzt einige hundert Schritt weiter östlich. Gravelotte, ein Dorf mit 700 Einwohnern, nimmt eine Höhe ein, die von Wäldern umgeben ist und das reizende Thal der Maas beherrscht. Die Kirche ist modern, der Thurm gehörte zu einem älteren Bau. Man sieht hier Reste der Römerstraße, die von Rheims nach Metz führte, und zu wiederholten Malen wurden gallisch=römische Alterthümer, steinerne Särge, Münzen aus der Kaiserzeit und Waffen gefunden. Ein steiler Weg führt in das Marnethal hinunter, dessen jenseitige Höhe man ersteigt, um eines prachtvollen Panoramas zu ge=nießen, dessen Hintergrund Metz mit der imposanten Masse seines Domes bildet. Mars la Tour ist ein kleiner Ort auf einer Hochebene und über einem kleinen Thal, in dem ein Bach der Orne zufließt. Dieses Dorf, dessen Name von einem Marstempel herzurühren scheint, war früher eine kleine Festung und besaß ein im 14. Jahrhundert ge=bautes Schloß. An der Stelle desselben steht gegenwärtig ein Bauern=haus, doch sind die Gräben zum Theil nicht ausgefüllt. Als Ludwig XIV. seine Reunionskammern errichtete, fand er es der Mühe werth, dieses Dorf als ehemalige Besitzung des Bisthums Metz sich zuzusprechen zu lassen. Die alte Kirche, zu Anfang des 16. Jahrhunderts im Styl der ausgehenden Gothik erbaut, dient jetzt als Scheune. Nach ihren Resten zu urtheilen, die aus Säulen und Fenstern bestehen, muß sie ein wahr=haft schöner Bau gewesen sein. Von Rezonville läßt sich weiter nichts bemerken, als daß anmuthige Wälder in der Nähe und Spuren der bereits erwähnten Römerstraße bemerkbar sind.

Saint Privat la Motagne, um das am 18. August so heiß gestritten worden ist, erreicht man über Chatel Saint=Germain, ein Dorf mit etwa tausend Einwohnern in einer höchst anmuthigen Lage am Bache Chatel und am Eingang eines pittoresken Thals. Der Ort gehörte den Bischöfen von Metz, die hier ein festes Schloß besaßen und Münzen schlugen. Die Ruinen dieses Schloßes sind noch auf einer Höhe sichtbar, welche das Dorf im Nordwesten beherrscht. Das letztere besitzt außerdem eine schöne Kirche und hübsche Landhäuser. Vor einigen Jahren hat man auf dem Gebiete der Gemeinde die Reste eines keltischen Denkmals aufgefunden. Folgt man dem frischen Thal des Chatels, das fast einen alpenartigen Charakter hat, bis zu dessen nordwestlichem Endpunkte, so befindet man sich unter der Hochebene, welche Saint Privat trägt.

Ein bedeutenderer Ort ist Woippy. Von 1450 Menschen bewohnt, liegt dieses Dorf am Fuße schöner bewaldeter Abhänge, welche die angenehmsten Spaziergänge darbieten. Es besitzt eine hübsche moderne Kirche im gothischen Styl des 13. Jahrhunderts. Die alte Kirche liegt auf einer kleinen Höhe im Südwesten des Orts. Der Kirchhof besitzt einige interessante Grabmäler und das Dorf selbst Ueberreste befestigter Gebäude aus dem 14. Jahrhundert.

Musselbrück (Pont à Mousson) können wir als Ausgangspunkt der von unseren Truppen gebauten Eisenbahn nicht unerwähnt lassen. Die Mosel trennt diese von etwa 8000 Menschen bewohnte Stadt in zwei Theile, welche die Altstadt und die Neustadt heißen. Ihren Namen hat sie theils von einem alten Schloß, theils von der über die Mosel führenden Brücke. Ein kegelförmiger Berg, der die Umgegend beherrscht, bestimmte die Römer zur Errichtung eines befestigten Lagers, welches wahrscheinlich mit zwei andern Werken in Verbindung stand und den Flußübergang vertheidigte. Später bauten die Grafen von Barr hier ein Schloß, das Ludwig XIV. zerstören ließ. Zu ihm gehörte eine Kapelle aus dem 11. Jahrhundert, die noch steht und ein merkwürdiges Taufbecken besitzt. Der Stadt unter dem Schlosse wird erst im 9. Jahrhundert gedacht. Im 14. Jahrhundert wurde sie zu einer deutschen Reichsstadt erhoben, konnte sich aber gegen die Herzöge von Lothringen nicht behaupten. Im Jahre 1572 errichtete Karl III. von Lothringen hier eine Hochschule, die einen solchen Ruf bekam, daß man in Paris eifersüchtig wurde und alle französischen Studenten abrief. Sie bestand fast zwei Jahrhunderte und wurde 1763 nach Nanzig verlegt. Die Moselbrücke hat sieben Bogen und ist ein wahrhaft schöner Bau aus dem Ende des 16. Jahrhunderts. Die beiden Thürme die ihre Endpunkte früher vertheidigten, wurden 1739 niedergerissen.

Von Metz bis zur deutschen Grenze bei Saarlouis hat man etwa 15 deutsche Meilen zu machen und muß sich der gewöhnlichen Post bedienen. Man fährt aus dem deutschen Thor und sieht zuerst Noisseville und dann Sainte=Barbe, dessen moderne Kirche den Glockenthurm eines Baues aus dem 16. Jahrhundert, der 1829 niedergerissen wurde, beibe= halten hat. Die prachtvollen Glasfenster dieser ältern Kirche kaufte das Domcapitel von Metz an und benutzte sie bei der Restauration des Doms. Man folgt nun der französischen Nied, deren Ufer bewaldet und zuweilen einen pittoresken Charakter annehmen. Bei Condé=Nerthen, in dessen Nähe die deutsche Nied mit der französischen sich vereinigt, beginnt Deutsch=Lothringen, wo unsere Sprache ganz allgemein gesprochen wird. Der erste bedeutende Ort und zugleich der einzige der ganzen Straße, ist Bolchen (Boulay). Die Stadt hat 2870 Einwohner und liegt theils am Hange eines Berges, theils im Thale des Katzbaches. Ein schöner und großer Platz, an dem das Rathhaus liegt, nimmt ihren Mittelpunkt ein. Bolchen war in alten Zeiten der Hauptort einer wichtigen Herr= schaft, deren Barone mehr als einmal gegen die mächtige Reichsstadt kämpften. Von Befestigungen umgeben, hatte die Stadt im Mittelalter mehrere Belagerungen zu bestehen. Im 16. Jahrhundert ging sie an das Haus Lothringen über und wurde von demselben mit dem ganzen Herzogthum an Frankreich abgetreten. Bolchen ist der Geburtsort des berühmten Philosophen und Schriftstellers Biller, der in der Revolution aus Frankreich flüchtete und 1815 in Deutschland starb. Unter den nicht unbedeutenden Fabrikaten der Stadt befinden sich Hüte von lackir= tem Leder.

Eine vortreffliche Landstraße führt von Bolchen nach Busenwei= ler (Bouzonville), das eine reizende Lage hat, da sich hier ein pittores= kes Thal öffnet Die Stadt selbst liegt auf dem Kamm eines Berges, dessen Fuß die Nied und der Breittnach bespülen. Busenweiler besaß früher eine Abtei, gegründet 1033 von einem Grafen, der ihr ein Stück vom wahren Kreuze schenkte. Die Abtei wurde sehr berühmt und vom Papst Leo IX. besucht. 1683 brannte sie nieder, wurde bald wieder hergestellt und erst in der Zeit der Revolution aufgehoben. Ihre Kirche wird gegenwärtig von der Gemeinde benutzt. Daß sie aus dem 14. Jahr= hundert stammt, sagt nicht bloß ihr Styl, sondern auch die Jahreszahl 1345, die man an einem Schlußstein am Gewölbe des Langhauses über einen eingehauenen Wappen liest. Der Bau theilt sich in drei Schiffe, von denen zwei in Kapellen auslaufen, während das dritte in einem Altarplatz endet, dessen Mauern von reizenden Fenstern durchbrochen werden. Draußen erhebt sich über den Eingange ein viereckiger Thurm, den man im vorigen Jahrhundert durch einen Aufbau in der Form eines Minarets verunziert hat. In dem Winkel, den die beiden Kapellen und der Altarplatz bilden, stehen zwei viereckige Thürmchen. Man sieht noch einen Theil der Gebäude der alten Abtei und Ueberreste eines Kreuzganges, von denen der gegenwärtige Besitzer keinen bessern Ge=

brauch zu machen weiß, als sie zum Schuppen seiner Ackerwagen zu benutzen. -

Seitwärts liegen Ottenweiler und Teterchen. Der letztge=
nannte Ort besitzt nichts als die alten Gebäude eines Nonnenklosters
und liegt auf einer einförmigen Hochebene von 385 Metern Erhebung
über dem Meere. In Ottenweiller befindet sich eine Kirche, die
1845 im romanisch=byzantischen Styl neu gebaut worden ist. Wir er=
wähnen sie wegen ihrer reichen Schatzkammer, die aus der Karthause von
Sierck stammt. Dieselbe besitzt außer einem Stück vom wahren Kreuze
und außer verschiedenen Reliquien von Heiligen einen schönen Christus
in Elfenbein geschnitzt und einen prachtvollen Kelch von vergoldetem Sil=
ber mit Schmelzmalereien. Der letzte Ort des bisher französischen Ge=
biets ist Nieder=Filling, wo eine anziehende Gegend beginnt, die im
Saarthale den reizendsten Charakter annimmt.

Wir begeben uns nach Metz zurück, um der Eisenbahn nach
Diedenhofen zu folgen. Dieselbe hat bei ihrem Ausgangspunkte
in der Stadt so viele Krümmungen, daß man mehrmals zurückzu=
fahren glaubt. Die meisten Reisenden ziehen es daher vor, nicht in
Metz einzusteigen, sondern mit dem Omnibus bis zu einem äußern Halte=
punkte zu fahren, der eine kleine halbe Stunde entfernt ist. Nimmt man
an der Länge der Fahrt keinen Anstoß, so wird man durch den Anblick
eigenthümlicher Werke unmittelbar vor der Stadt entschädigt. Das erste
ist eine schöne Brücke über die Mosel, das zweite der Damm von Wa=
drineau, ein ungeheurer Bau von 320 Meter Länge und 6 1/2 Meter
Höhe von der Bettung an gerechnet, der den Zweck hat, die Gewässer
der Mosel aufzuhalten und nach Metz zurückfließen zu lassen, wo sie sich
in zwei Arme theilen. Wenn die Mosel hoch geht, so übersteigt sie den
Damm und bildet einen schönen Wasserfall. Dieser sehr alte Damm
bestand ursprünglich aus Holz und wurde in der Mitte des 15. Jahr=
hunderts mit den Steinen der Abtei St. Martin neugebaut. Die Reichs=
städter zerstörten dieselbe in Folge eines Kriegs, den sie mit dem Herzog
von Lothringen wegen der Besteuerung eines Tragkorbs mit Aepfeln
führten. Hat die Eisenbahn den Umkreis von Metz verlassen, so läuft
sie am Fuße reizender Hügel hin, die sich bis Diedenhofen fortsetzen.
Rechts zieht die Landstraße und in ziemlich großer Entfernung hinter
ihr fließt die Mosel, deren rechtes Ufer Höhen mit zahlreichen Dör=
fern trägt.

Auf Schloß Ladonchamps folgt Norroy le Veneur, ein
Dorf mit 590 Einwohnern. Die Kirche ist ein Bau des funfzehnten
Jahrhunderts. Die Schlußsteine der Gewölbe tragen das lothringische
Wappen, die alten Glasfenster sind von Marechal restaurirt worden. Ist
dieses Gotteshaus mit Zinnen versehen, so weist das von Semecourt

sogar Schießscharten auf. Maizieres, mit einer Kirche aus dem vori=
gen Jahrhundert und mit zwei modernen Schlössern, war der Schauplatz
eines blutigen Kampfes, in dem der Marschall von Villeville spanische
Truppen schlug, die sich im Einverständniß mit den Franciskanern von
Metz des Städtchens zu bemächtigen suchten. In Talange benutzt
gegenwärtig eine Rübenzuckerfabrik das mittelalterliche Schloß. Bei Ha=
gondange beginnt das gemischte Sprachgebiet, um sich bis in die Nähe
von Diedenhofen fortzusetzen. Das Dorf, bei dem eine eisenhaltige Quelle
sprudelt, liegt an der Grenze des ehemaligen Gebiets der Reichsstadt
Metz und gehörte früher dem dortigen Domkapitel, welchem die Herzöge
von Luxemburg den Besitz oft genug streitig machten.

Links von der Eisenbahn öffnet sich das interessante Ornethal,
das eine kurze Strecke dem gemischten und weiter aufwärts dem rein
französischen Sprachgebiet angehört. Es ist wegen seiner Naturschönheiten
und seiner Industrie eines Besuches werth. Seinen Eingang bezeichnet
Clouange, mit einem kleinen Wasserfall in einem Gehölz, und gegen=
über Rombas, an einem Berge amphitheatralisch aufsteigend. Seine
sehr entwickelte Industrie beschäftigt sich besonders mit den Artikeln, die
aus Holz gemacht werden. Bei Rosselange, dessen Kirche aus dem
funfzehnten Jahrhundert Glasgemälde und einen Altar mit Sculpturen
besitzt, sieht man die ersten Eisenhammer des Orne=Thals. Die bedeu=
tendste Eisen=Industrie der Gegend betreibt Moyeuvre la Grande,
das auch durch seine Lage in einer romantischen Schlucht am rechten
Ufer der Orne, über die eine schöne Brücke führt, ausgezeichnet ist. Ein
Theil des Ortes (3195 Einwohner) liegt in dem Winkel, den der Ein=
fluß des Conroys=Baches in die Orne bildet.

Moyeuvre verdankt seinen Ursprung den Eisenhammern, die hier
seit dem vierzehnten Jahrhundert im Betrieb waren und den Grafen von
Barr gehörten. Nach der Vereinigung der Grafschaft mit dem Herzog=
thum Lothringen lange vernachlässigt, wurden die Werke zu Anfang des
siebenzehnten Jahrhunderts wieder in Thätigkeit gesetzt, und zwar durch die
Familie Fabert, welche sie in Pacht genommen hatte. Zu Ende des
vorigen Jahrhunderts wurden sie verkauft und geriethen abermals in
Verfall, bis sie von Wendel, dem Eigenthümer der Eisenhammer von
Hayange, gekauft wurden. Der neue Besitzer widmete auch diesen Wer=
ken seine Thätigkeit und sein Sohn verbesserte und vergrößerte sie noch
bedeutend. Das Erz, das in einem nahen Berge gewonnen wird, ge=
langt auf einer kleinen Eisenbahn zu den Hochöfen und wird auf einer
längeren Bahn zu den Hämmern an der Mosel, deren Wellen die Kohlen
herbeitragen, geführt. Die Eisenbahn läuft dann neben der Orne weiter
und mündet bei Hagondange in den Schienenweg von Metz nach Dieden=
hofen.

Weiter oben im Orne-Thale, das hier schön bewaldet ist, wurden vor wenigen Jahren bei Joeuf Münzen mit dem Bildniß des Kaisers Constantin und römische Gewölbe entdeckt, die zu einem Votivtempel gehört zu haben scheinen. Westlich von diesem Dorfe erhebt sich auf dem rechten Ufer der Orne ein senkrechter Felsen, der Sprung Peter's von Barr genannt. Die Ueberlieferung erzählt, daß Peter von Barr, Herr von Pierrefort, ein gewaltiger Raubritter war und der Reichsstadt Metz großen Schaden zufügte. Im Orne-Thal überfiel ihn eine bewaffnete Schaar von Bürgern und glaubte ihres Feindes habhaft werden zu müssen, aber Peter von Barr sprang von jenem Felsen in die Mosel und rettete sich nach Pierrefort. Schließlich zerstörten die Metzer diese Burg, welche nach ihren Ueberresten zu urtheilen eine kleine Festung gewesen sein muß. Ihre Trümmer — ungewöhnlich dicke Mauern und Ueberreste des Burgthors — liegen bei Homecourt versteckt im Walde, am Hange eines Bergs. Scheut man einen Weg von einer Meile nicht, der noch dazu ein angenehmer Spaziergang durch Wälder ist, so gelangt man nach Briey, dem Eigenthum einer Dame, die bei der größten Beschimpfung, die jemals über das deutsche Kaiserthum gekommen ist, eine Rolle gespielt hat. „Die große Gräfin," Mathilde von Toscana, Gregor's VII. Busenfreundin, hatte von ihrem ersten Mann, Gozelo dem Buckligen Briey und viele andere lothringische Güter geerbt. In ihrem Bergschlosse Canossa war es, wo Heinrich IV. drei Tage lang, barfuß und ohne Speise und Trank, im Schnee des Schloßhofes stehen mußte, bis der Papst ihn endlich vor sich ließ und ihm die Lossprechung vom Bann ertheilte. Ihre italienischen Güter vermachte Gräfin Mathilde der Kirche und diese „mathildische Erbschaft" ist lange ein Zankapfel zwischen dem Papst und dem Kaiser gewesen. Allerdings verlohnte der Streit der Mühe, denn die mathildische Erbschaft umfaßte Toscana, Mantua, Parma, Reggio, Piacenza, Ferrara, Modena, einen Theil von Umbrien, Spoleto, den heutigen Kirchenstaat von Viterbo bis Orvieto und einen Theil der Mark Ancona. Die Stadt Briey vermachte die Gräfin Mathilde einem lothringischen Ritter, der sich fortan Albert von Briey nannte. Heute wird sie von 1876 Menschen bewohnt und theilt sich, ihrer Lage an einem Berge entsprechend, in eine Oberstadt und eine Unterstadt. Die Kirche, die der Oberstadt angehört und im funfzehnten Jahrhundert erbaut worden ist, besitzt ein merkwürdiges, einen Todtentanz darstellendes Basrelief aus jener Zeit.

Die Eisenbahn berührt bis Diedenhofen nicht viele erwähnenswerthe Ortschaften mehr. Bei Richemont, in alten Zeiten zur Herrschaft Rodemack gehörig und mit einem festen Schloß versehen, lagen 1792 die feindlichen Heere einander gegenüber. Die Preußen hatten den Ort besetzt, die Franzosen unter Kellermann waren 15,000 Mann stark auf den Höhen von Fontoy aufgestellt. Die Kirche von Richemont, ein Werk des funfzehnten Jahrhunderts, besitzt schöne Glasfenster und einen Altar und einen Taufstein mit bemerkenswerthen Bildhauerarbeiten vom Jahre 1501. Die nach Richemont benannte Glashütte befindet sich in Schloß Pepinville, einem Landhause der alten fränkischen Könige.

Bei Haspich an der Fentsch, in dessen Nähe ein Bergwerk jährlich anderthalb Millionen Zollpfund Eisenerz liefert, haben sich erhebliche Reste einer alten Römerstraße gut erhalten. Die zu verschiedenen Malen veranstalteten Ausgrabungen haben immer eine reiche Ausbeute geliefert. Münzen der Kaiser Augustus, Tiberius, Trajan, Antonin, Marc Aurel und Constantin, Glasgeschirre, Gefäße von einer rothen und grauen Erde, Schmucksachen von Metall, Trümmer von Porphyr-Vasen, ein römisches Schwert, Bruchstücke von Säulen, Sculpturen, Bas-reliefs und zwei merkwürdige Inschriften sind zu Tage gekommen. Diese Funde lassen auf eine Bedeutung des Orts schließen, die er im Mittelalter, aus dem sein Schloß stammt, nicht wieder bekommen hat. Heute wohnen hier nicht hundert Menschen.

Diedenhofen (Thionville), eine Stadt mit 7376 Einwohnern und einer Festung erster Klasse, ist fast ganz auf das linke Ufer der Mosel gebaut. Der rechts vom Flusse liegende Stadttheil besteht ausschließlich aus einem Fort neuen Ursprungs, einer Reiterkaserne, einem Krankenhause und einem Gefängniß für Militärs, aus Magazinen und einem großen Platze, wo der Jahrmarkt gehalten wird. Der Bahnhof befindet sich vor der Stadt, noch hundert Meter vor dem Metzer Thor, an der Grenze der Glacis, die, mit Bäumen bepflanzt, einen angenehmen Spaziergang rings um Diedenhofen bilden.

Theodoris Villa soll der älteste Name von Diedenhofen gewesen sein. Ein von den Merovingern gebautes Schloß wurde zu einem Lieblingsaufenthalt Karls des Großen, der hier mehrere seiner Capitularien veröffentlichte und hier auch in einer Versammlung der Großen seines Reichs erklärte, wie es nach seinem Tode mit der Theilung seiner ungeheuren Besitzungen unter seine drei Söhne gehalten werden solle. Im dreizehnten Jahrhundert war Diedenhofen eine bedeutende Festung und gehörte damals den Grafen von Luxemburg, die hier ein großes starkes Schloß gebaut hatten, von dem in der Nähe des linken Ufers der Mosel ein Thurm von beträchtlichem Umfange stehen geblieben ist. Wenige Städte haben so oft ihren Herrn gewechselt. Nach einander gehörte es den beiden Häusern von Burgund, der Kaiserfamilie der Habsburger und bis zur französischen Besitznahme (1652) den Königen von Spanien.

Von den Belagerungen, welche Diedenhofen zu bestehen hatte, war die von 1643 die wichtigste. Der Prinz von Condé machte den damaligen Angriff und bemächtigte sich des Platzes. Eine gothische Kapelle vor der Stadt wird als sein Hauptquartier bezeichnet. 1792 erschien wieder ein Condé'scher Truppentheil vor den Thoren, dieses Mal aus französischen Ausgewanderten bestehend, die keine Ehre einlegten, obgleich sie von einer preußischen Abtheilung unterstützt wurden. Im Feldzuge 1814 wurde Diedenhofen blos eingeschlossen und dazu eine so schwache Truppe verwendet, daß die Franzosen einzelne glückliche Ausfälle machen und von feindlichen Niederlagen unter großen Verlusten sprechen konnten. Merkwürdiger Weise steht Diedenhofen mit der Geschichte mehrerer der besten französischen Dichter der Neuzeit oder mit der ihrer Väter in Beziehungen. Bei den Condé'schen Ausgewanderten, die 1792 vor die Festung zogen, stand Chateaubriand und holte sich eine Wunde. Der Vertheidiger Diedenhofen's im Jahre 1814 war General Hugo, der Vater des ganz zur Phrase gewordenen Victor Hugo. Vor der Revolution lag Lamartine's Vater als Rittmeister hier in Quartier und von 1793 bis 1795 übte Paul Louis Courier, Frankreichs Börne, als Artillerie-Lieutenant seine Leute auf den Wällen bei den Geschützen ein. Der berühmte General Hoche hat in Diedenhofen gewohnt und seine Frau gefunden.

Für Frankreich hatte Diedenhofen eine große strategische Wichtigkeit. Es war der vorgeschobene französische Posten, gleichsam ein Außenwerk von Metz, zwischen Saarlouis und Luxemburg. Als die bekannten Constellationen den norddeutschen Bund zur Räumung der letzteren Festung veranlaßten, wurde Diedenhofen für unsere Grenzstrecke nordwestlich von Saarlouis zu einer Gefahr. Die Festungswerke sind so weitläufig, daß mindestens 7000 Mann zu ihrer Vertheidigung gehören. In verschiedenen Epochen erbaut, gehören sie auch verschiedenen Systemen an, die man so gut als möglich in Einklang zu bringen gesucht hat. Die Hauptwerke, die Vauban und Cormontaigne angelegt haben, sind zu verschiedenen Zeiten ausgebessert und vergrößert worden und bilden ein unregelmäßiges Siebeneck mit Bastionen und Halbmonden. Auf dem rechten Moselufer wird die Stadt durch ein Fort vertheidigt.

Drei Thore, nach Metz, Luxemburg und Sierck benannt, führen in die Stadt. Kommt man von Metz, so gelangt man bald auf einen ziemlich großen Platz, der von Bogengängen umgeben, ungefähr den Mittelpunkt der Stadt bildet. Rechts von ihm liegt die Stadtkirche, ein Bau des vorigen Jahrhunderts. Ihr Portal dorischen Charakters wird von zwei Thürmen eingefaßt, welche beide in einer runden Plattform auslaufen. Das Innere hat ionische Säulen und einen Hauptaltar mit einem vergoldeten Thronhimmel. Der Thurm des Schlosses der Grafen von Luxemburg, vom Volke der Flohthurm genannt, ist fast der einzige Rest der mittelalterlichen Bauten. Einige seiner Theile sollen aus der Zeit stammen, in der Karl der Große hier residirt hat. Der untere

Theil eines zweiten Thurmes datirt aus dem 14. Jahrhundert, während der obere Theil im 17. Jahrhundert erbaut worden ist. Außerdem giebt es noch einige Häuser aus dem 15. Jahrhundert.

Die Gewerbthätigkeit Diedenhofens beschränkt sich auf Brauerei, Gerberei und Ziegelei. Die Umgegend bietet nicht viel dar. Eine Mineralquelle unter Höhen, auf denen ein sehr beliebter Wein wächst, wird von Unterleibskranken besucht. Im Westen der Stadt sieht man die Reste eines Schlosses aus dem 15. Jahrhundert, das noch von seinen alten Gräben umgeben ist und im Park einer Privatbesitzung liegt. In der Nähe befindet sich die Michaelskapelle mit einem eingehauenen Wappen über der Thür. Sie ist vor einigen Jahren restaurirt worden und die Einwohner von Diedenhofen nehmen sie häufig zum Ziel ihrer Spaziergänge.

Nicht weit von Diedenhofen nördlich zieht die Grenze des Fürstenthums Luxemburg. Man kann zur Reise dorthin entweder die Eisenbahn oder die Mosel benutzen. An der Eisenbahn, welche die Wasserscheide zwischen dem Moselthal und dem Eschthal zu überschreiten hat, liegt kein interessanter Ort, wenn man nicht einen Seitenweg nach Roussy einschlagen will, dessen Kirche das Erbbegräbniß der Grafen von Custine enthält. Das Schloß dieses Geschlechts ist eine kleine Viertelstunde vom Dorfe entfernt und ein mächtiger Bau im Styl der Renaissance.

Bleibt man im Moselthal, so erreicht man von Diedenhofen zunächst Nieder-Gutz, dem man einen sehr alten Ursprung zuschreibt. Seine alte Kirche, die im 9. Jahrhundert eine große Versammlung von Geistlichen gesehen hat, ist 1815 niedergerissen und durch einen Neubau ersetzt worden. Gegenüber auf dem linken Ufer liegt Manom mit einem anderen Schlosse und mit einer ungeschickt restaurirten gothischen Kirche, zu der am Himmelfahrtstage gewallfahrtet wird. Königsmachern ist ein Städtchen mit 1500 Einwohnern unfern der Mündung der Canner in die Mosel. Dieses Flüßchen entspringt etwa zwei Meilen nordöstlich von Metz und bewässert ein drei Meilen langes Thal mit interessanten Ansichten und Ortschaften. Königsmachern, ursprünglich ein Lehn der Herren von Distroff, ging im 13. Jahrhundert an die Grafen von Luxemburg über. Es hieß zuerst blos Machern, wurde aber Königsmachern genannt, nachdem Johann König von Ungarn und Herzog von Luxemburg es hatte befestigen lassen. In der Revolutionszeit wurde es Freimachern genannt, nahm aber seinen alten Namen bald wieder an. Auf dem andern Moseluser liegt Kattenheim, zu dessen Kirche ein Thurm gehört, den man den Templern zuschreibt, obgleich sein Styl mehr auf die Römer hinweist. Rettel auf dem rechten Moseluser besaß früher eine bedeutende Abtei, die sich von der Zeit Karl des Großen bis zur Revolution gehalten hat.

Der Thronhimmel über dem Hauptaltar und die Orgel ihrer Kirche sind nach Diedenhofen gewandert.

Sierck (2390 Einwohner) hat eine romantische Lage am rechten Ufer der Mosel, deren Thal hier eng ist und von drei steilen Bergen eingefaßt wird. Der Fuß eines derselben, des Strombergs, beschreibt auf dem linken Ufer ziemlich einen Halbkreis, wodurch auf dem rechten Ufer eine Art von Bucht entsteht, deren Ufer Sierck einnimmt. Ein hübscher Quai begleitet die Mosel und an seinem Endpunkte hat man einen Hafen errichtet, der stark benutzt wird und der kleinen Stadt viel Leben verleiht. Jenseits der modernen Häuser dieses Quais steigt der ältere Stadttheil am alten Berge empor. Ueber ihm sieht man die Reste eines alten Schlosses, das vom Gipfel des Berges noch überragt wird. Auf dem höchsten Punkte der Stadt erbaut und die Mosel beherrschend, hatte diese Veste im Mittelalter eine große Bedeutung, welche sie durch die Erfindung des Pulvers verlor, da sie nun von den höhern Punkten des alten Berges zusammengeschossen werden konnte.

Sierck reicht in die römische Periode zurück und gehörte nachmals zum Königreich Austrasien. Nach einander Eigenthum der Erzbischöfe von Trier und der Bischöfe von Metz, gab es seinen Namen einem mächtigen Hause, das seit langer Zeit erloschen ist. Gegen das Ende des 13. Jahrhunderts kam es an die Herzoge von Lothringen, von denen mehrere hier residirten und Münzen schlagen ließen. Von starken Mauern umgeben, die sich auf Thürme stützten, wurde Sierck mehrmals belagert. Im Jahre 1633 nahm Ludwig XIII. das Schloß nach achttägiger Belagerung und zehn Jahre später brauchte der Herzog von Enghien nur fünf Tage, um sich in Besitz zu setzen. Während des spanischen Erbfolgekrieges bezog der Marschall von Villars zwischen Rettel und Sierck ein Lager, um Marlborough am weitern Vordringen zu hindern.

Die Stadtkirche, früher eine herzogliche Kapelle, soll von Mathias II. von Lothringen im dreizehnten Jahrhundert erbaut sein. In ihrem gegenwärtigen Zustande erinnert sie nicht an die ferne Zeit, der man sie zuweist. Das Innere ist wegen der Kühnheit seiner Wölbung merkwürdig. Früher war die Kirche durch einen Gang mit dem Schlosse verbunden und enthielt mehrere Grabmale, die in der Revolution zerstört worden sind. Eines der Häuser der Stadt wird von der Ueberlieferung ins vierzehnte Jahrhundert verlegt, doch sein hübscher Altan im Renaissance-Styl zeugt für den Anfang des sechszehnten Jahrhunderts. Die so nahe der Grenze selbstverständliche Kaserne fehlt nicht und findet ihren Gegensatz in einem von frommen Nonnen geleiteten Mädchenstift. Die Industrie beschäftigt sich mit der Herstellung von Bier, Thonpfeifen, berühmtem Sohlleder und einigen andern Artikeln. Die Weinberge von Sierck liefern einen geschätzten Weißwein.

Schloß Mensberg, ein altes Besitzthum der Herren von Sierck, heißt in der Umgegend das Marlborough-Schloß, weil der englische Feld= herr, als er 1705 gegen Villars zog, hier sein Hauptquartier nahm. Auf einer reizlosen Hochebene, dicht an der luxemburgischen Grenze, hat man vor zwanzig Jahren ein Bad gegründet. Beim Bohren nach Stein= salz stieß man auf eine Quelle und sucht sie nun zu verwerthen.

Unser Umgang im verlorenen Lande längs der Eisenbahnlinien ist hier vollendet. Wir machen Halt an der Grenze eines Landes, das ebenfalls, noch dazu in neuester Zeit, für uns verloren gegangen ist. Damals gab Deutschland Luxemburg auf, um seine Friedensliebe zu be= weisen. Trotzdem suchte Frankreich immerdar Händel an uns und ruhte nicht, bis es den gegenwärtigen Krieg, uns zum unvergänglichsten Ruhm, sich selbst zum höchsten Verderben, vom Zaune gebrochen hatte. Werden unsere Siege uns zu Elsaß und Lothringen auch Luxemburg verschaffen? Wäre es nicht der Fall, so könnten wir diesen ehemaligen Besitz, da Metz und Diedenhofen uns gehören werden, leichter verschmerzen.

Uebersichtskarte von Elsass und Deutsch-Lothringen.

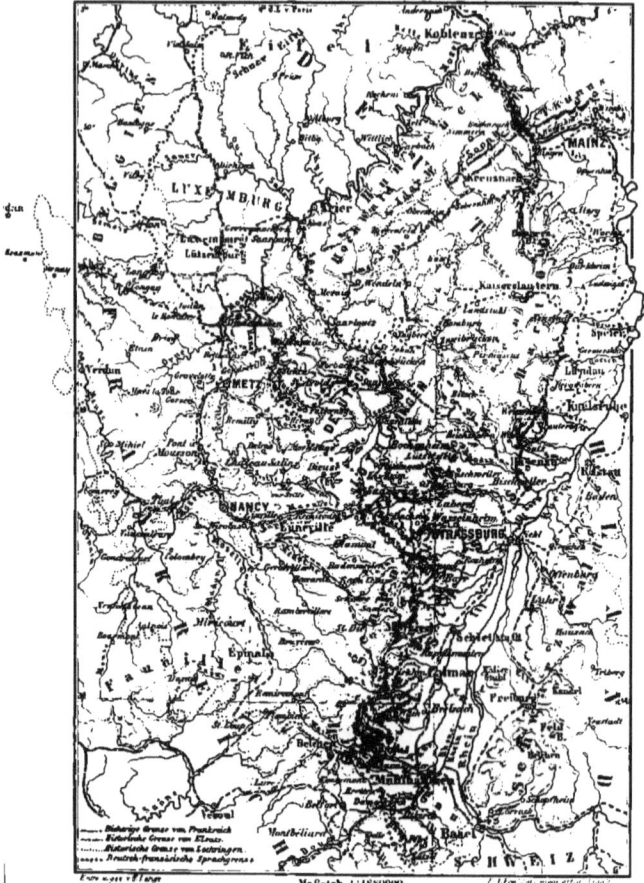